Guerres et conflits du XXᵉ siècle

Sophie Chautard

Guerres et conflits du XXᵉ siècle

Librio

Inédit

Cartographe : Carl Voyer

Sommaire

Introduction

Les conflits qui se sont succédé au cours du siècle précédent ont été les plus nombreux et les plus meurtriers de l'histoire de l'humanité. Il n'y a pas un continent qui ait été épargné par la guerre, pas un pays qui n'ait souffert, directement ou indirectement, d'un conflit. Les deux guerres mondiales occupent évidemment une place particulière dans ce bilan, mais il est incontestable que même en mettant ces deux hécatombes de côté, jamais les hommes n'auront vu surgir autant d'oppositions armées dans autant de régions en si peu de temps.

Cet ouvrage ne peut, étant donné leur nombre, recenser tous les conflits ayant surgi au XXe siècle sur la planète. C'est pourquoi l'auteur s'est attaché à présenter les plus célèbres d'entre eux. Il ne s'agit pas forcément des plus meurtriers, mais de ceux qui ont duré le plus longtemps, ou qui ont eu le plus d'impact sur la scène internationale.

Le classement par continent puis par ordre chronologique offre une consultation aisée et un usage pratique pour comprendre les principaux affrontements qui ont eu un rôle dans l'histoire du monde au XXe siècle. Nous espérons que ce mémento sera utile aux élèves, aux étudiants, et à tous ceux que l'histoire passionne.

Europe

1912-1913 : guerres balkaniques

*

1914-1918 : Première Guerre mondiale

*

1917 : la révolution bolchévique

*

1936-1939 : la guerre civile d'Espagne

*

1939-1945 : la Seconde Guerre mondiale

*

1944-1949 : la guerre civile de Grèce

*

1956 : la crise de 1956 en Hongrie

*

1968 : le printemps de Prague

*

Depuis 1968 : le nationalisme basque en Espagne

*

1971-1998 : Bloody Sunday

*

1974 : la révolution des Œillets au Portugal

*

1991 : Slovénie

*

1991-1992 : Croatie

*

1991-1992 : Bosnie

*

1994-1996 : la Tchétchénie

*

Depuis 1999 : le Daghestan

*

1999 : le Kosovo

Balkans

Dates : octobre 1912-mai 1913 et juin-juillet 1913.

Forces en présence : Ligue balkanique contre **Empire otto-man***, puis Serbes, Grecs et Roumains contre Bulgares.

Lieux d'impact : Balkans.

Cause : rivalité entre la Russie et l'Autriche-Hongrie pour la possession des territoires européens contrôlés par l'Empire ottoman.

Déroulement : la Russie souhaite contrer l'influence de l'Autriche-Hongrie en Europe centrale et encourager la création d'une « Ligue balkanique » réunissant la Serbie, le Monténégro, la Grèce et la Bulgarie. Profitant de l'affaiblissement de l'Empire ottoman, la Ligue balkanique, soutenue par la Russie, attaque la Turquie le 18 octobre 1912. On reproche à cette dernière sa politique agressive de « turquisation » en Macédoine. De plus, la Bulgarie a lancé dès le mois d'août un ultimatum à la Turquie pour la reconnaissance de l'autonomie de la Macédoine.

En mai 1913, l'Empire ottoman est vaincu et se retrouve amputé de la quasi-totalité de ses territoires en Europe. Le traité de Londres du 30 mai 1913 le prive en effet de la Macédoine, de la Thrace et de l'Albanie.

Une fois ce premier conflit achevé, c'est au tour de la Serbie et de la Bulgarie de se disputer la Macédoine. Une nouvelle guerre éclate le 29 juin 1913 dans les Balkans entre la Grèce, la Serbie et la Roumanie (soutenus par la Russie), d'un côté, et la Bulgarie, elle-même encouragée par l'Autriche-Hongrie, de l'autre.

La Bulgarie est finalement vaincue le 30 juillet suivant et, par le traité de Bucarest du 10 août 1913, perd d'importantes portions de territoire au profit de la Roumanie, de la Grèce, de la Serbie et de la Turquie.

Conséquences : ces deux conflits successifs ont fait naître un profond ressentiment chez les Turcs et les Bulgares et ont exacerbé le nationalisme serbe. Cette situation a avivé les tensions en Europe centrale et orientale, où naîtra la Première Guerre mondiale l'année suivante.

EUROPE/COLONIES

Première Guerre mondiale

Dates : 28 juillet 1914-11 novembre 1918.
Forces en présence : Triplice* contre Alliés secourus par les États-Unis.
Lieux d'impact : Europe.
Cause : assassinat de l'héritier d'Autriche-Hongrie à Sarajevo.
Déroulement : l'Europe domine le monde au début du XXᵉ siècle, mais de nombreuses rivalités divisent le continent. En outre, les revendications nationalistes se multiplient au point de mettre en péril l'Empire austro-hongrois dans les Balkans. Le contexte politique est donc particulièrement tendu lorsque, le 28 juin 1914, l'héritier du trône d'Autriche-Hongrie, l'archiduc François-Ferdinand, est assassiné à Sarajevo par un Serbe de Bosnie. Un mois plus tard, après expiration d'un ultimatum, ce tragique événement incite l'Autriche à déclarer la guerre à la Serbie accusée d'avoir organisé l'attentat.

Par l'enchaînement des alliances, les pays européens entrent en guerre les uns après les autres durant les premiers jours d'août 1914. Les Empires centraux (Allemagne et Autriche-Hongrie) se retrouvent face aux pays de l'**Entente*** ou Alliés (France, Grande-Bretagne et Russie). La Belgique, pays neutre, puis la France, sont envahies au mois d'août par les troupes allemandes. Leur progression rapide entraîne la première bataille de la Marne du 5 au 10 septembre. Les généraux Joffre et Gallieni parviennent à interrompre l'avancée allemande. Mais aucune des armées ne parvient à prendre une avancée déterminante. Chacun tente de déborder l'adversaire par l'ouest, et une course à la mer est lancée jusqu'à la mer du Nord.

Du côté oriental, les Allemands commandés par le général Hindenburg remportent la victoire de Tannenberg

(Prusse-Orientale) sur la Russie fin août (du 26 au 30), puis celle des lacs Mazures le 15 septembre.

Très rapidement, l'illusion d'une guerre courte se dissipe, et une **guerre de position*** s'engage dès le mois de novembre. L'Autriche envahit la Serbie. Sur tous les fronts, les armées s'enterrent dans des tranchées. La Turquie ayant déclaré la guerre aux Alliés le 2 novembre, ceux-ci décident d'envoyer un corps expéditionnaire dans les Dardanelles afin de protéger les détroits reliant la mer Noire à la Méditerranée. L'initiative, lancée en mars 1915, est un échec pour les troupes franco-britanniques face à la détermination des troupes turques commandées par Mustapha Kemal. La situation sur le front occidental s'enlise, et les offensives des Alliés en Champagne au cours de l'automne 1915 ont peu d'effet.

Les pays européens font appel aux troupes coloniales, et le conflit devient peu à peu mondial. En Mésopotamie et en Palestine, les Britanniques attaquent les troupes turques avant de pousser les Arabes à se révolter contre l'Empire ottoman.

L'année 1916 est marquée par la bataille de Verdun, de février à juin, au cours de laquelle périssent plus d'un demi-million de soldats français et allemands. C'est le général Pétain, nommé commandant des troupes françaises à Verdun, qui permet à la France de remporter la victoire. Les batailles se succèdent au cours de cette année 1916 : en mai, la bataille navale du Jutland (nord du Danemark) oppose les Britanniques aux Allemands ; en juillet, lors de la bataille de la Somme, les Alliés tentent vainement d'enfoncer les lignes allemandes. Les Alliés, pourtant rejoints par l'Italie en mai 1915 et par la Roumanie en août 1916, ne parviennent pas à remporter de bataille décisive. La Roumanie est rapidement écrasée par les Allemands (décembre 1916).

En 1917, une crise à la fois militaire, morale et politique entraîne mouvements de grève et mutineries. Au printemps, les Français sont battus au Chemin des Dames (en Champagne) après l'échec de l'offensive du général Nivelle. Les Italiens sont battus à Caporetto en octobre. La situation sur le front ouest devient préoccupante pour les Alliés. Début novembre 1917, à l'issue de la révolution bolchevique, la Russie se retire définitivement du conflit (elle conclut ensuite une paix séparée avec l'Allemagne à Brest-Litovsk en mars 1918). Libérés du front oriental, les Empires centraux peuvent concentrer leurs forces sur le front ouest. Depuis le printemps 1915, la guerre est également sous-marine. Son intensification, à partir de février 1917, décide les États-Unis à entrer en guerre aux côtés des Alliés (le 6 avril). L'arrivée massive des Américains sur le sol européen donne alors une supériorité matérielle et numérique aux Alliés. Cette supériorité permet de renverser la situation au cours de l'année 1918.

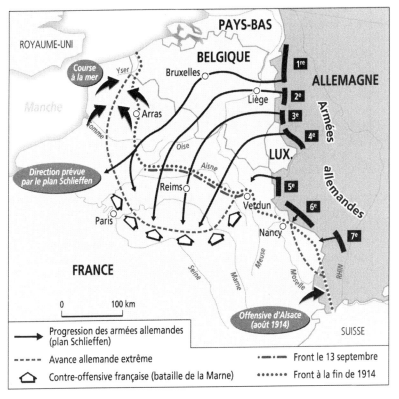

Offensives de 1914 sur le front ouest

Les Allemands tentent une grande offensive en Artois, en Picardie et en Champagne. En mai 1918, ils infligent aux Français une cruelle défaite au Chemin des Dames, puis bombardent Paris. Mais la situation change au profit des Alliés avec l'arrivée de renforts américains. En juillet, l'attaque allemande en Champagne est refoulée. Le 8 août, une contre-offensive alliée permettra de vaincre définitivement les troupes allemandes à l'automne suivant. Les Italiens parviennent en octobre 1918 à battre les Austro-Hongrois à Vittorio Veneto au nord-est de l'Italie, et les forces françaises et serbes leur infligent également une défaite dans les Balkans. Les soldats ottomans sont chassés de Syrie par les Britanniques et les Arabes. Les forces navales françaises prennent Beyrouth. Pendant ce temps, les territoires français et belge sont libérés à l'automne. La Bulgarie, la Turquie, puis l'Autriche capitulent entre fin septembre et début novembre 1918. L'Allemagne, isolée, s'effondre peu à peu, secouée par une vague révolutionnaire qui contraint l'empereur Guillaume II à abdiquer le 9 novembre au profit de la République de Weimar. En Autriche-Hongrie, l'empereur Charles Ier doit renoncer au trône deux jours plus tard. L'armistice est signé le 11 novembre à Rethondes, en forêt de Compiègne, devant le maréchal Foch, généralissime des armées alliées depuis mars 1918.

Conséquences : la Première Guerre mondiale (à laquelle ont participé peu ou prou 35 pays) prend fin, laissant derrière elle 9 millions de morts. Les pays européens, plongés dans une grave crise financière et matérielle, voient désormais leur puissance décliner.

RUSSIE

La révolution bolchevique

Dates : février-octobre 1917.

Forces en présence : les bolcheviks* contre le pouvoir tsariste.

Lieux d'impact : Russie.

Cause : insurrection de Petrograd contre le pouvoir impérial.

Déroulement : dans la Russie du début du XXe siècle, l'opposition au tsar Nicolas II prend de l'ampleur. Une première révolution, déclenchée en janvier 1905, est réprimée dans le sang. En février 1917, les revendications sociales sont exacerbées par les pertes humaines et les pénuries engendrées par la Première Guerre mondiale. Les grèves ouvrières se succèdent à Petrograd. Ce mouvement social se mue rapidement en révolution, et le tsar doit abdiquer le 2 mars suivant. Un gouvernement provisoire est formé. Son programme est dicté par le Soviet de Petrograd, une assemblée élue de représentants ouvriers et de soldats. Les bolcheviks, menés par Lénine, exigent l'arrêt de la guerre et revendiquent une révolution à la fois ouvrière et paysanne. La situation est de plus en plus anarchique. En juillet 1917, les bolcheviks tentent de renverser le gouvernement provisoire. La répression s'accentue. Une nouvelle insurrection, menée par le général Kornilov, tente en août de soumettre les Soviets et les autres organisations ouvrières pour prendre le pouvoir. Le gouvernement provisoire s'allie aux bolcheviks pour repousser les troupes de Kornilov. Après avoir obtenu la majorité chez les représentants des Soviets en septembre 1917, les bolcheviks prennent le pouvoir à Petrograd dans la nuit du 24 au 25 octobre. Lénine est à la tête du gouvernement bolchevique, appelé « Conseil des commissaires du peuple ».

Une guerre civile s'ensuivra, entre 1918 et 1922. Les bolcheviks s'imposeront finalement contre les troupes restées fidèles au tsar, les Armées blanches, malgré le soutien des pays occidentaux.

Conséquences : l'Union des républiques socialistes soviétiques est fondée le 31 décembre 1922.

ESPAGNE

La guerre civile

Dates : juillet 1936-1er avril 1939.
Forces en présence : troupes franquistes contre républicains et Brigades internationales.
Lieux d'impact : toute l'Espagne.
Cause : refus par les conservateurs d'accepter la victoire du Front populaire aux élections et putsch militaire.
Déroulement : lors des élections législatives de février 1936, la gauche unie au sein du *Frente Popular* (Front populaire)

17

triomphe face aux conservateurs. Mais peu après, le nouveau pouvoir doit contenir l'agitation des éléments révolutionnaires d'extrême gauche (grèves, occupation des terres, etc.) et lutter contre les affrontements parfois meurtriers entre extrémistes de droite et de gauche. La situation va servir au général Franco qui réalise un coup d'État (*pronunciamiento*) les 17 et 18 juillet de cette même année 1936. C'est le début d'une guerre civile. Les nationalistes espagnols, franquistes, reçoivent l'appui des régimes fascistes européens (Italie, Allemagne et Portugal). Leurs adversaires, réunis sous l'appellation de « républicains », sont soutenus par l'Union soviétique (jusqu'en 1938) et par les Brigades internationales composées de volontaires de pays étrangers (France, États-Unis, Pologne, Angleterre, Italie...). Le gouvernement français, dirigé par Léon Blum, n'intervient pas, mais ouvre ses frontières aux républicains. La guerre prend fin le 1er avril 1939 avec la victoire des troupes nationalistes de Franco.

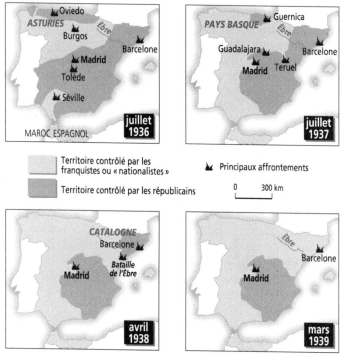

La guerre d'Espagne

18

Conséquences : le nombre de victimes varie selon les sources : entre 300 000 et 900 000 tués, tous camps confondus, auxquels s'ajouteraient plus de 500 000 victimes indirectes (malnutrition, maladies et manque de soins médicaux). Le général Franco instaure un régime autoritaire qui durera plus de trente-cinq années, jusqu'à sa mort, le 20 novembre 1975.

EUROPE / MONDE

La *Seconde Guerre mondiale*

Dates : 1er septembre 1939-2 septembre 1945.

Forces en présence : l'Axe* contre la **Grande Alliance***.

Lieux d'impact : le monde entier, en particulier l'Europe, l'Asie orientale et l'Afrique du Nord.

Cause : invasion de la Pologne par les troupes allemandes.

Déroulement : l'Europe des années 1930 voit se développer la menace expansionniste allemande : depuis 1933, l'Allemagne a pour chancelier Adolf Hitler, un ultranationaliste qui prône la nécessité d'un « espace vital » pour le peuple allemand et met en avant la supériorité de la race aryenne tout en manifestant un profond antisémitisme. L'Allemagne annexe l'Autriche puis une partie de la Tchécoslovaquie en 1938, et les puissances européennes française et britannique laissent faire. Hitler profite de cette situation pour mettre en œuvre ses grands projets de domination de l'Europe, après s'être allié notamment à l'Italie.

L'Allemagne envahit la Pologne le 1er septembre 1939 et, utilisant la tactique de la « **blitzkrieg*** », écrase le pays en l'espace de quelques semaines. L'Union soviétique s'empare à son tour de la partie orientale du pays. La Pologne capitule le 28 septembre 1939. Ses alliés, la France et la Grande-Bretagne, bien qu'ayant déclaré la guerre à l'Allemagne, n'ont pu lui porter secours. C'est le début de la « drôle de guerre », cette période de plusieurs mois au cours de laquelle rien ne se passe. En avril 1940, l'Allemagne envahit le Danemark et la Norvège, malgré l'intervention d'un corps expéditionnaire franco-britannique à Narvik (Norvège).

Le 10 mai 1940, une nouvelle offensive allemande atteint successivement les Pays-Bas et la Belgique, qui capitulent très rapidement, puis la France, qui combat pendant six semaines avant de signer un armistice à Rethondes le 22 juin.

Dirigée par le maréchal Pétain depuis Vichy, la France est coupée en deux par une ligne de démarcation entre la zone occupée par les Allemands et la zone libre. De son côté, le Royaume-Uni poursuit seul la guerre contre l'Allemagne.

De la fin de l'été 1940 au printemps 1941, la bataille d'Angleterre oppose les forces aériennes britanniques et allemandes. Les villes anglaises sont bombardées massivement, mais la détermination de la population anglaise, encouragée par le Premier ministre britannique Winston Churchill, ne faiblit pas.

Le conflit s'étend au cours de l'année 1941. Les Italiens, en difficulté face aux Britanniques en Libye, sont secourus par l'**Afrikakorps*** du maréchal Rommel en février. Après avoir aidé les Italiens dans les Balkans en avril, les troupes allemandes se tournent vers l'est et lancent le 22 juin 1941 l'opération Barbarossa d'invasion de l'URSS. L'avancée allemande est foudroyante. En décembre, Moscou est atteinte.

Dans le Pacifique, le Japon lance une attaque surprise sur la base américaine de Pearl Harbor (Hawaï) le 7 décembre, provoquant l'entrée en guerre des États-Unis contre les forces de l'Axe.

L'année 1942 est celle d'un renversement du rapport de forces, avec les premières victoires militaires des Alliés. L'arrivée des États-Unis, surnommés « l'arsenal des démocraties », leur procure une nette supériorité matérielle et financière. Mieux armés et mieux organisés, les Alliés prennent l'avantage sur plusieurs théâtres d'opération. En mai-juin 1942, les Américains remportent les batailles de la mer de Corail et de Midway contre les Japonais, puis débarquent à Guadalcanal en juillet, bloquant ainsi l'expansion japonaise dans le Pacifique. En Afrique du Nord, les Britanniques battent le général allemand Rommel à El-Alamein (Égypte) en novembre 1942. Ce même mois, l'opération Torch organise le débarquement des Anglo-Américains en Afrique du Nord.

Pendant ce temps, en Europe, Hitler orchestre contre les populations juives la « solution finale », décidée à la conférence de Wannsee en janvier 1942, et qui vise à faire disparaître un peuple entier dans des camps d'extermination. La France voit sa zone libre envahie en novembre et la flotte basée à Toulon se saborde. Sur le front de l'est, les troupes allemandes atteignent le Caucase et la Volga.

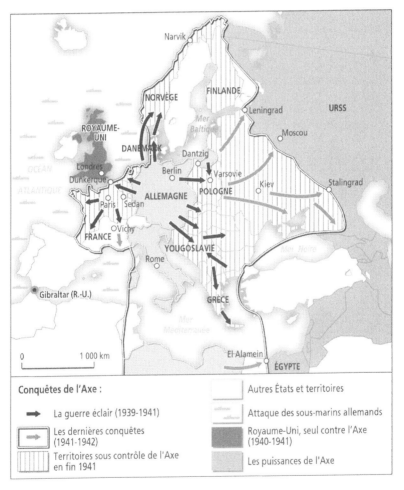

Conquêtes de l'Allemagne et de l'Italie (1941)

L'année 1943 est décisive sur de nombreux fronts, en particulier en Europe : en février, la VIᵉ armée allemande du général von Paulus capitule à Stalingrad (Russie), ce qui constitue un tournant militaire et psychologique très important. Les Allemands sont de nouveau battus par les Soviétiques à Koursk en juillet 1943, et les Alliés remportent au printemps la bataille de l'Atlantique. Ils prennent le contrôle de la Méditerranée après le départ des troupes de l'Axe d'Afrique du Nord et suite au débarquement allié en Sicile puis sur les côtes italiennes (juillet 1943).

Les Alliés multiplient les succès en 1944, et libèrent progressivement l'Europe : les Soviétiques reconquièrent leur territoire et repoussent les Allemands vers l'Europe orientale. En mai, les Allemands sont battus à Monte Cassino (Italie) et, en juin, les Alliés entrent à Rome et débarquent en Normandie (le 6 juin). En août 1944 a lieu le débarquement de Provence.

Dans le Pacifique, les Américains sont vainqueurs aux îles Mariannes le 20, puis reprennent l'île de Guam aux Japonais en août suivant. À la fin de l'année, l'ensemble du territoire français est libéré, en dépit d'une offensive allemande dans les Ardennes au mois de décembre. Les premiers mois de l'année 1945 sont ceux de la reconquête finale sur les territoires occupés par l'Axe : en Europe, Américains et Soviétiques parviennent à se rejoindre sur l'Elbe en avril 1944, puis Berlin est investi par l'Armée soviétique. Hitler met fin à ses jours le 30 avril de la même année. Une semaine plus tard, le 8 mai, l'Allemagne signe sa capitulation.

Dans le Pacifique, les forces américaines reprennent les Philippines et l'île d'Iwo Jima en février, puis l'île japonaise d'Okinawa en juin 1944, mais la résistance acharnée des armées japonaises fait craindre une guerre prolongée. Le président américain Truman décide au mois d'août de recourir à la bombe atomique, qui est lancée sur les villes d'Hiroshima le 6 et de Nagasaki le 9 août 1944. Cinq jours plus tard, les Japonais décident de se rendre. La capitulation japonaise est signée le 2 septembre 1945.

Conséquences : c'est alors que prend fin le conflit le plus meurtrier de l'histoire mondiale, et le bilan est effrayant : plus de 50 millions de morts. On dénombre parmi eux plus de 6 millions de victimes des camps d'extermination, essentiellement des Juifs (plus de 5 millions), plusieurs centaines de milliers de Tsiganes, ainsi que des Slaves, des membres de la Résistance... L'Europe est une région dévastée moralement, financièrement, matériellement.

GRÈCE

La guerre civile

Dates : décembre 1944-août 1949.
Forces en présence : partisans* aidés par Moscou contre troupes royalistes, soutenues par Londres puis Washington.
Cause : départ des Allemands de Grèce et division politique des mouvements de résistance qui luttent chacun pour le pouvoir à Athènes.
Déroulement : guerre civile.
Conséquences : victoire des royalistes.

HONGRIE

La crise de 1956

Dates : octobre-novembre 1956.
Forces en présence : population hongroise contre blindés soviétiques.
Lieux d'impact : Budapest et province hongroise.
Cause : soulèvement populaire à Budapest.
Déroulement : la crise hongroise est significative de la domination de Moscou sur les pays d'Europe de l'Est. Tandis que la **déstalinisation*** lancée par Khrouchtchev en février 1956 laisse imaginer la possibilité d'une ouverture politique, le peuple hongrois entame de grandes manifestations à partir du 6 octobre 1956, lors de la cérémonie de funérailles officielles réhabilitant Lazslo Rajik, ancien responsable politique communiste, persécuté par le régime. Les Hongrois réclament notamment le départ du dirigeant

conservateur du Parti, Erno Gero, et le retour d'un ancien président du Conseil, Imre Nagy.

Inquiet du soulèvement populaire, Moscou nomme Imre Nagy à la tête du gouvernement le 24 octobre 1956, tout en faisant intervenir les blindés soviétiques. Erno Gero est quant à lui remplacé à la tête du Parti par Janos Kadar le lendemain. Nagy lance un appel au calme et Moscou décide de retirer ses troupes ; toutefois, les initiatives de Nagy sont jugées insuffisantes par les opposants à Moscou. Le nouveau président du Conseil, qui a formé un gouvernement de coalition le 1ᵉʳ novembre, adopte alors des mesures plus osées, dénonçant par exemple l'adhésion de la Tchécoslovaquie au **pacte de Varsovie*** et officialisant la neutralité du pays. Les autorités soviétiques ne peuvent tolérer cette politique d'indépendance à leur égard et envahissent le pays le 4 novembre. Nagy se réfugie à l'ambassade yougoslave, alors que les blindés foncent sur Budapest. En quelques jours, les forces insurrectionnelles hongroises sont écrasées, y compris en province.

Conséquences : on dénombre près de 3 000 morts et plus de 20 000 blessés. La répression qui s'abat ensuite conduit à l'arrestation de milliers d'opposants et à des centaines d'exécutions, dont celle de Nagy.

TCHÉCOSLOVAQUIE

Le printemps de Prague

Dates : 1968.
Forces en présence : résistance passive de la population tchécoslovaque contre cinq armées du **pacte de Varsovie***.
Lieu d'impact : Prague.
Cause : au printemps 1968, le régime tchécoslovaque se libéralise grâce à l'action d'Alexandre Dubcek qui prône un « socialisme à visage humain ». Pour contrer cette politique, Moscou prépare d'avril à juin 1968 une intervention armée.
Déroulement : intervention armée des troupes du pacte de Varsovie en Tchécoslovaquie le 21 août (opération Danube).

Conséquences : il n'y a pas de heurts sanglants, en raison de l'absence d'affrontements avec la population.

ESPAGNE

Le nationalisme basque

Dates : depuis 1968, guérilla contre l'État espagnol.
Forces en présence : l'ETA (*Euzkadi ta Azkatasuna*) contre le gouvernement espagnol.
Lieu d'impact : Espagne.
Cause : volonté indépendantiste des nationalistes basques.
Déroulement : le mouvement nationaliste armé basque, regroupé au sein de l'ETA, fondé en juillet 1959, a recours à l'action armée (des attentats ou des enlèvements) pour faire reconnaître l'indépendance du Pays basque espagnol.
Conséquences : les nationalistes basques se heurtent de plus en plus à l'opposition de la population qui manifeste régulièrement pour la paix.

IRLANDE DU NORD

Bloody Sunday

Dates : février 1971-10 avril 1998.
Forces en présence : nationalistes nord-irlandais contre Britanniques.
Lieux d'impact : Ulster (Irlande du Nord), Grande-Bretagne.
Cause : refus des nationalistes irlandais d'accepter le rattachement de la province de l'Ulster à la Grande-Bretagne.
Déroulement : l'indépendance de l'Irlande, reconnue le 6 décembre 1921 après huit siècles de lutte contre l'occupation britannique, ne comprend pas la province située au nord, l'Ulster, qui demeure rattachée à la Grande-Bretagne. La revendication de celle-ci par les nationalistes irlandais devient un sujet de grave discorde entre les deux pays.
Le 30 janvier 1972, une manifestation nord-irlandaise à Londonderry (Irlande du Nord) est réprimée dans le sang

par les troupes britanniques, faisant 14 victimes. Ce tragique événement, baptisé « Bloody Sunday », restera le symbole de la lutte des Nord-Irlandais pour l'Ulster. L'IRA (*Irish Republican Army*), organisation apparue en 1970, multiplie les actes de guérilla contre les autorités britanniques de février 1971 jusqu'aux accords dits « du vendredi saint », le 10 avril 1998, date à laquelle les représentants des gouvernements britannique et irlandais et un représentant du mouvement nationaliste nord-irlandais concluent officiellement la paix en Ulster.

Conséquences : La paix est revenue et, depuis, seule une branche radicale de l'IRA tente de poursuivre la lutte, avec des moyens bien moindres.

PORTUGAL

La révolution des Œillets

Date : 25 avril 1974.

Forces en présence : le Mouvement des forces armées (MFA) contre le gouvernement de Marcello Caetano.

Lieu d'impact : Lisbonne.

Causes : contestation du régime autoritaire hérité du dictateur Salazar (décédé en 1970) et de la poursuite des guerres coloniales en Afrique.

Déroulement : après l'échec d'une rébellion militaire les 15 et 16 avril 1974, une seconde tentative réussit dix jours plus tard.

Conséquence : le changement de régime aboutit à la démocratisation du Portugal.

SLOVÉNIE

Dates : 27 juin -18 juillet 1991.

Forces en présence : Slovènes contre troupes fédérales yougoslaves (serbes).

Lieu d'impact : Slovénie.

Cause : proclamation de l'indépendance de la Slovénie le 25 juin 1991.

Déroulement : après dix jours de conflit de faible intensité, la paix est signée aux accords de Brioni, le 7 juillet 1991.

Conséquences : les troupes fédérales quittent la Slovénie le 18 juillet.

CROATIE

Dates : octobre 1991-novembre 1992.

Forces en présence : Croates contre forces fédérales yougoslaves (serbes).

Lieu d'impact : Croatie.

Cause : proclamation de l'indépendance de la Croatie, le 25 juin 1991.

Déroulement : premières attaques en octobre 1991 contre la ville de Dubrovnik, progression des troupes fédérales qui prennent Vukovar le 19 novembre, deux cessez-le-feu successifs en janvier puis octobre 1992.

La double proclamation d'indépendance de la Slovénie et de la Croatie, le 25 juin 1991, provoque une vive opposition à Belgrade, où siège le gouvernement fédéral yougoslave, qui refuse l'éclatement du pays. L'armée fédérale intervient alors en Slovénie (voir plus haut), puis en Croatie où réside une importante communauté serbe, en Krajina (qui avait proclamé dès le 17 mars son rattachement à la Serbie) et en Slavonie. Le 27 novembre, l'armée yougoslave installe dans la ville de Vukovar un gouvernement de la « région autonome serbe de Slavonie, Baranja et Ouest-Srijem ».

Un cessez-le-feu, signé à Sarajevo le 30 janvier 1992, met fin au conflit entre Croates et armée fédérale, menée par les Serbes. Les deux camps acceptent le plan Vance proposé par les Nations unies. Ce plan prévoit notamment l'envoi de Casques bleus (la **FORPRONU***) dans les trois régions croates fortement peuplées de Serbes (Krajina, Slavonie occidentale et orientale). Mais les hostilités reprennent et il faut attendre le 23 novembre 1992 pour que soit signé un nouvel accord de cessez-le-feu, à Genève, entre Croates et Serbes.

Conséquences : la Croatie conserve son indépendance, mais se voit privée de près de 30 % de son territoire au profit de la Serbie, qu'elle récupérera en 1995 et 1998.

BOSNIE

Dates : 6 avril 1992-21 novembre 1995.

Forces en présence : communautés serbes, croates et musulmanes de Bosnie.

Lieu d'impact : Bosnie-Herzégovine.

Cause : proclamation de l'indépendance de la Bosnie.

Déroulement : alors que le communisme s'effondre en Europe orientale et que se multiplient les revendications nationalistes, la Fédération de Yougoslavie[1] est au bord de l'éclatement.

Entre juin et septembre 1991, six enclaves serbes situées en Bosnie-Herzégovine proclament leur autonomie. En octobre, c'est la Bosnie qui revendique officiellement sa souveraineté, alors que d'autres républiques fédérées yougoslaves, celles de Slovénie et de Croatie, ont proclamé leur indépendance un mois plus tôt. Dès le mois de décembre 1991, des affrontements armés ont lieu entre les trois communautés vivant en Bosnie. Les musulmans bosniaques réclament l'indépendance du pays, les Serbes demandent le maintien de la Fédération yougoslave et les Croates de Bosnie revendiquent le rattachement de leur zone à la Croatie.

La Bosnie devient indépendante le 3 mars 1992 (elle est reconnue officiellement par la CEE, les États-Unis et l'ONU en avril). L'accord de Sarajevo du 20 mars suivant établit sous l'égide de la CEE une fédération bosniaque divisée en trois entités. Mais les Serbes ne l'entendent pas ainsi : une semaine plus tard, ils annoncent la création d'une République serbe de Bosnie-Herzégovine et, dans le cadre d'une politique de « purification ethnique », contraignent au départ

---

1. Six républiques fédérées (Serbie, Croatie, Bosnie-Herzégovine, Slovénie, Macédoine, Monténégro) et deux provinces autonomes (Kosovo et Vojvodine).

les communautés croates et musulmanes bosniaques qui s'y trouvent.

L'armée (ex-fédérale, car la Serbie s'est autoproclamée République le 7 avril sur les restes de la Fédération yougoslave) et les milices serbes à partir du 6 avril 1992 envahissent les deux tiers du territoire bosniaque. Les Croates détiennent quant à eux la région d'Herzégovine où est proclamé l'Herceg-Bosna, un État autonome, en août 1993.

Le plan de paix Vance-Owen est proposé en janvier 1993 sous l'égide des Nations unies. Il est rejeté par les Serbes de Bosnie, qui multiplient leurs opérations, conduisant les forces de l'**OTAN*** à intervenir à partir de février 1994 aux côtés de la **FORPRONU***. En mars 1995, la Force de réaction rapide (FRR) est aussi créée pour soutenir l'action des Casques bleus.

La prise de Sebrenica par les Serbes, en juillet 1995, est un échec pour les Casques bleus : des milliers de musulmans sont massacrés. Croates, Bosniaques musulmans et forces de l'OTAN et de la FRR accélèrent alors les opérations contre les forces serbes.

Le 14 décembre 1995 sont signés à Paris des accords (conclus à Dayton le 21 novembre) entre les belligérants, et la paix revient en Bosnie.

Conséquences : le pays est maintenu dans ses frontières mais divisé en deux entités : une fédération croato-musulmane et une République serbe de Bosnie.

RUSSIE

La Tchétchénie

Dates : décembre 1994-août 1996, et août 1999-novembre 2001.

Forces en présence : troupes russes, parmi lesquelles les forces spéciales (Spetsnaz), face aux indépendantistes tchétchènes.

Lieu d'impact : Tchétchénie.

Cause : refus de Moscou de satisfaire les volontés indépendantistes tchétchènes.

Déroulement : profitant de la prochaine disparition de l'Union soviétique, les nationalistes tchétchènes autoproclament leur indépendance, le 1er novembre 1991. Cette décision n'est pas reconnue par Moscou qui concède cependant à la Tchétchénie un statut d'autonomie. Quatre mois plus tard, la Tchétchénie refuse de signer le traité la liant à la fédération de Russie.

Les Russes montent les différents clans tchétchènes les uns contre les autres avant d'intervenir militairement en décembre 1994. La première guerre de Tchétchénie est ainsi déclenchée. Les Russes parviennent à prendre la capitale, Groznyï, en février 1995, mais doivent affronter une opposition armée redoutable de la part des nationalistes tchétchènes. Ceux-ci parviennent à reprendre la capitale à l'été 1996 et l'armée russe est contrainte de reculer. Les deux camps signent un accord de paix à Khassaviourt en août 1996, mais aucun statut définitif n'est adopté pour la province.

Trois ans plus tard, les combats reprennent : c'est la seconde guerre de Tchétchénie. En août 1999, les opérations russes touchent la province autonome voisine du Daghestan, où ont été installées des bases logistiques tchétchènes ; l'armée russe pénètre en Tchétchénie en octobre suivant et fait intervenir cette fois ses forces spéciales, les Spetsnaz. Les combats sont féroces. Fin 2001, le nouveau président russe, Vladimir Poutine, propose de nouvelles négociations, et la suspension des interventions armées.

Conséquences : en 2003, l'élection d'un nouveau président de la République autonome de Tchétchénie, élu avec le soutien de Moscou, avait pu faire croire à un arrêt définitif du conflit. Son assassinat en mai 2004 rappelle que la résistance des indépendantistes tchétchènes réfugiés dans la montagne se poursuit.

Le Daghestan

Dates : juillet-août 1999 – situation très difficile depuis cette date.

Forces en présence : rebelles indépendantistes du Daghestan contre forces armées russes.

Lieu d'impact : Daghestan (république autonome appartenant à la fédération de Russie).

Causes : autoproclamation de l'indépendance de l'État isla-miste du Daghestan et lancement de la « guerre sainte » contre les autorités russes en août 1999.

Déroulement : entrée au Daghestan des troupes indépen-dantistes de Chamil Bassaïev et du commandant Kattab, venus de Tchétchénie en juillet 1999. Les troupes russes interviennent militairement en août suivant, quelques jours après la proclamation d'indépendance des séparatistes du Daghestan.

Conséquence : cette république est maintenue dans la fédé-ration de Russie.

SERBIE

Le Kosovo

Dates : 24 mars 1999-9 juin 1999.

Forces en présence : OTAN* contre troupes serbes.

Lieu d'impact : Kosovo (province autonome de Serbie).

Cause : opposition entre Serbes et Albanais du Kosovo.

Déroulement : le Kosovo, province yougoslave majoritaire-ment peuplée de musulmans d'origine albanaise, revendi-que son indépendance depuis septembre 1991. À partir de 1996, une milice, l'UCK (armée de libération du Kosovo), multiplie les actions contre les autorités serbes du Kosovo, tandis que celles-ci pratiquent une répression croissante à l'égard des Kosovars mulsumans. Une politique de « puri-fication ethnique » est bientôt lancée par le gouvernement serbe de Slobodan Milosevic. Devant l'aggravation de la situation, la communauté internationale décide d'organiser à Rambouillet, en février 1999, une conférence de la paix visant à contraindre les Serbes à accorder davantage d'au-tonomie aux Kosovars. Mais devant l'échec des pourparlers entre le président yougoslave (serbe) Milosevic et l'UCK, et le non-respect des ultimatums adressés à la Serbie, les for-ces de l'OTAN lancent l'opération « Force alliée », le 24 mars 1999. Jusqu'au 3 juin suivant, une série de bom-bardements aériens s'abat sur les positions serbes. L'avan-cée des forces serbes au Kosovo conduit les habitants d'origine albanaise à se réfugier dans les pays voisins. Le

9 juin, la Serbie retire ses forces du Kosovo. La KFOR (force internationale de paix au Kosovo) se déploie sur le terrain pour permettre aux Albanais du Kosovo de rentrer chez eux. L'UCK consent de son côté à rendre les armes le 21 juin.

Une mission des Nations unies pour le Kosovo (la MINUK) est chargée d'administrer la reconstruction de la province.

Conséquences : en dépit de la présence des forces occidentales, les hostilités demeurent latentes entre les communautés serbe et albanaise du Kosovo.

Afrique

1899-1902 : la guerre des Boers en Afrique du Sud
*
1904-1906 : la révolte des Hereros en Namibie
*
1921-1924 et 1925-1926 : la guerre du Rif
*
1935-1936 : l'invasion italienne en Éthiopie
*
1947-1948 : la révolte contre les colons français à Madagascar
*
1948-1994 : la lutte anti-apartheid en Afrique du Sud
*
1954-1962 : la guerre d'indépendance de l'Algérie
*
1955-1972 et depuis 1983 : les guerres civiles au Soudan
*
1956 : la crise de Suez
*
1961-1975 : la lutte pour l'indépendance en Angola
*
1962-1991 : la guerre d'indépendance de l'Érythrée
*
1967-1970 : la guerre du Biafra en Namibie
*
1968-1987 : le Tchad
*
Depuis 1975 : le Sahara occidental
*
1975-1994 : la guerre civile en Angola
*
1975-1994 et 1998-2002 : la guerre civile au Liberia
*
1976-1978 : les Comores
*
Depuis 1982 : le conflit séparatiste de Casamance au Sénégal
*
1986-1987 et 1994 : rébellions ethniques en Ouganda
*
1991-1994 : la guerre civile à Djouti
*
1991-2000 : Sierra Leone
*
1991-2002 : la guerre civile en Somalie
*
1994 : le génocide rwandais
*
Depuis 1997 : République démocratique du Congo
*
1998-2000 : la guerre d'indépendance de l'Érythrée
*
Depuis 2002 : la guerre civile en Côte-d'Ivoire

AFRIQUE DU NORD

Maroc

La guerre du Rif

Dates : 1921-1924 et 1925-1926.
Forces en présence : les Rifains contre les colonisateurs espagnols, puis français.
Lieu d'impact : nord du Maroc.
Cause : rébellion des Rifains.
Déroulement : les habitants du Rif s'opposent à la colonisation du Maroc. Menés par Abd el-Krim, ils se soulèvent en 1921 contre l'occupant espagnol, qui renonce à pénétrer dans le Rif en 1924. L'année suivante, les Rifains attaquent les Français, qui ripostent conjointement avec les Espagnols et soumettent Abd el-Krim en 1926.
Conséquences : la rébellion est définitivement réprimée en 1927.

Algérie

La guerre d'indépendance

Dates : 1er novembre 1954-18 mars 1962.
Forces en présence : indépendantistes algériens du FLN (Front de libération nationale) contre colons français.
Lieu d'impact : Algérie.
Cause : volonté d'indépendance des nationalistes algériens.

Déroulement : alors que des troubles avaient déjà éclaté en mai 1945 (insurrection de Sétif), une série d'attentats est lancée le 1er novembre 1954 par les indépendantistes algériens. Les forces du FLN s'en prennent d'abord aux civils, puis aux militaires français dont les effectifs sont renforcés. En janvier 1957, les forces françaises sont confiées au commandement du général Massu qui a pour tâche de pacifier le pays. Il gagne la bataille d'Alger mais le retour au pouvoir du général de Gaulle en mai 1958 change la situation. L'année suivante, de Gaulle proclame le droit des Algériens à l'autodétermination.

Alors que le général Challe lance en 1959 une série d'opérations d'anéantissement des forces rebelles algériennes, de Gaulle entame des pourparlers avec le FLN. Un référendum est organisé en métropole le 8 janvier 1961, qui recueille 75 % de voix favorables pour une réforme de l'organisation des pouvoirs publics en Algérie. Sentant venir l'indépendance de l'Algérie, quatre généraux français tentent un putsch le 21 avril 1961. Malgré leur échec, le 25 avril, ils poursuivent le combat clandestinement. L'OAS (Organisation armée secrète) prend les armes contre les rebelles algériens et les partisans français de l'indépendance, multipliant les attentats, y compris en métropole.

Le 18 mars 1962, les accords d'Évian donnent aux Algériens la souveraineté sur les départements de l'Algérie et du Sahara. Le cessez-le-feu prend effet le lendemain.

Conséquences : l'indépendance de l'Algérie est reconnue officiellement le 2 juillet 1962. Un million de Français d'Algérie, les « pieds-noirs », rentrent en métropole.

Cette guerre a coûté la vie à plus de 32 000 Français et à 350 000 Algériens.

ÉGYPTE

La crise de Suez

Dates : octobre-novembre 1956.
Forces en présence : corps expéditionnaire franco-britannique et troupes israéliennes contre troupes égyptiennes.
Lieux d'impact : zone du canal de Suez, en Égypte (et Sinaï).

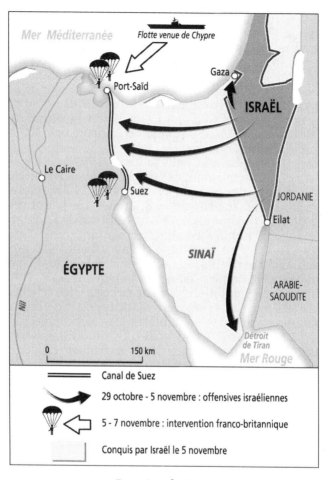

La crise de Suez

Cause : la nationalisation du canal de Suez, le 26 juillet 1956.

Déroulement : les Français et les Britanniques s'opposent à la décision du président égyptien Nasser de nationaliser le canal de Suez. Ils lancent l'opération Mousquetaire le 31 octobre 1956. Un corps expéditionnaire débarque à Port-Saïd le 5 novembre, occupant rapidement la zone du canal. Mais l'opposition des États-Unis et de l'URSS les contraint à signer un cessez-le-feu le 6 novembre.

Conséquences : les forces franco-britanniques se retirent rapidement, ainsi que les troupes israéliennes, qui avaient de leur côté envahi le Sinaï. Une force des Nations unies est envoyée pour s'interposer entre Égyptiens et Israéliens. Les deux pays européens sont déconsidérés et comprennent qu'ils ne sont plus des grandes puissances.

LE SAHARA-OCCIDENTAL

Date : depuis 1975.
Forces en présence : Front Polisario (et Algériens) contre Marocains.
Lieu d'impact : Maroc.
Cause : volonté indépendantiste des Sahraouis.
Déroulement : le Sahara-Occidental, ancienne colonie espagnole au sud du territoire marocain, aspire à l'indépendance depuis le départ des Espagnols en 1976. Or, le Maroc refuse de la leur accorder. Le groupe armé séparatiste sahraoui, le Front Polisario, parfois soutenu par l'Algérie voisine, et les soldats marocains se sont affrontés régulièrement depuis.
Conséquences : en dépit d'une intervention des Nations unies, le Sahara-Occidental n'a toujours pas obtenu son indépendance.

AFRIQUE SUBSAHARIENNE

AFRIQUE DU SUD

La guerre des Boers

Dates : 11 octobre 1899 – 31 mai 1902.

Forces en présence : les Boers (en hollandais « paysans ») du Transvaal alliés à l'État libre d'Orange face aux colons anglais.

Lieu d'impact : Afrique du Sud.

Cause : revendication britannique sur le Transvaal.

Déroulement : les Boers, qui ont fondé l'État libre d'Orange (1854) et celui du Transvaal (1852), ont déjà affronté les Anglais qui avaient tenté en 1877 d'annexer le Transvaal (où des gisements d'or et de diamants avaient été découverts). En 1899, les Anglais lancent un ultimatum aux Boers du Transvaal concernant la discrimination qui frappe les Anglais de ce petit État. Une nouvelle guerre éclate et les Anglais finissent par soumettre les Boers, au prix de pertes considérables.

Le conflit s'achève avec la signature du traité de Vereeniging, le 31 mai 1902 et les Anglais annexent le Transvaal et l'État d'Orange.

Conséquences : à la suite de ce conflit, l'État libre d'Orange et le Transvaal sont intégrés au Natal et à la province du Cap. L'Afrique du Sud devient l'Union sud-africaine, un **dominion*** britannique autonome en 1910.

Particularités : les premiers camps de concentration sont mis en place par les Anglais pour y regrouper les Boers faits prisonniers.

La révolte des Hereros

Dates : janvier 1904-1906.
Forces en présence : tribu des Hereros contre colons allemands
Lieu d'impact : Sud-Ouest africain (future Namibie).
Cause : révolte contre les colonisateurs.
Déroulement : le 12 avril 1904, les guerriers hereros se révoltent contre l'occupant allemand. Deux cents Allemands sont tués en l'espace de trois jours.
Conséquences : la riposte est sans pitié et, pendant trois années, les Hereros sont exterminés par dizaines de milliers.

ÉTHIOPIE

L'invasion italienne

Dates : 2 octobre 1935-5 mai 1936.
Forces en présence : Éthiopiens contre Italiens.
Lieu d'impact : Éthiopie.
Cause : invasion des troupes italiennes.
Déroulement : l'Italie de Mussolini veut se doter d'un empire colonial et entreprend de conquérir l'Éthiopie. Les armées italiennes envahissent ce pays le 2 octobre 1935, mais se heurtent à une résistance farouche. Le 5 mai 1936, trois jours après avoir pris la capitale Addis-Abeba et chassé l'empereur Haïlé Sélassié, l'Italie annexe officiellement l'Éthiopie.
Conséquences : l'Afrique orientale italienne comprend alors l'Érythrée (prise en 1890), la Somalie (colonisée en 1905) et l'Éthiopie.

MADAGASCAR

La révolte contre les colons français

Dates : 1947-1948.
Forces en présence : rebelles malgaches contre colons français.
Lieu d'impact : île de Madagascar.
Cause : refus par le gouvernement français d'un projet de loi indépendantiste malgache.
Déroulement : conquise par les Français en 1895, l'île de Madagascar refuse son statut de colonie et une importante révolte éclate le 29 mars 1947 en plusieurs endroits de l'île. L'insurrection est sévèrement réprimée par le corps expéditionnaire français envoyé sur place.
Conséquences : il y aurait eu environ 90 000 victimes du côté des rebelles malgaches et près de 2 500 victimes parmi les coloniaux et alliés malgaches de la France.

AFRIQUE DU SUD

La lutte anti-apartheid

Dates : 1948-1994.
Forces en présence : population noire face aux Blancs nationalistes.
Lieu d'impact : Afrique du Sud.
Cause : politique profondément discriminatoire des Blancs envers les populations de couleur.
Déroulement : en 1948, un candidat blanc, Daniel Malan, est élu au gouvernement sud-africain sur un programme d'apartheid* (qui signifie « développement séparé »). Les gens de couleur, en particulier les Noirs, sont victimes d'une discrimination touchant tous les domaines de vie courante. À partir de 1952, l'African National Congress (ANC) encourage la population à se révolter (d'abord pacifiquement, puis violemment) contre le régime d'apartheid, mais la répression est sévère. Interdit en 1960, l'ANC voit un de ses dirigeants, Nelson Mandela, emprisonné quatre ans plus tard. Les tensions se succèdent dans les années 1970 et

1980, et le gouvernement de Frederik De Klerk choisit de faire appel à Mandela. Ce dernier est libéré en février 1990, tandis que les lois d'apartheid sont supprimées en juin. En dépit de ces avancées, des combats opposent les membres de l'ANC (à nouveau officiellement autorisé) et ceux de l'Inkhata Freedom Party, autre mouvement noir.

En avril 1994, Nelson Mandela (qui a reçu quelques mois plus tôt le prix Nobel de la Paix) est élu président de la République sud-africaine. L'apartheid est définitivement fini.

SOUDAN

Les guerres civiles

Dates : 1955-1972, et depuis 1983.

Forces en présence : les partisans du SPLA contre les forces gouvernementales soudanaises.

Lieu d'impact : Sud-Soudan.

Causes : la division du pays en deux zones ethnico-religieuses différentes et les ressources en pétrole du sud du pays.

Déroulement : l'indépendance est accordée au Soudan en décembre 1955, et une guerre civile opposant les clans du nord à ceux du sud éclate au même moment. Ce premier conflit se solde par les accords d'Addis-Abeba de mars 1972 qui fixent un compromis au sujet de l'autonomie des provinces du sud désormais regroupées entre elles.

Mais en 1983 la guerre civile reprend entre les deux clans : les autorités soudanaises, aux mains des ethnies du Nord (musulmanes), d'une part, et les populations du Sud, notamment les partisans de l'Armée de libération des peuples du Soudan (SPLA) menés par le colonel John Garang, d'autre part. En 1989, le pouvoir soudanais passe aux mains du général Béchir qui instaure un régime islamiste, ce qui ne fait que creuser le fossé avec les Soudanais du Sud, chrétiens ou animistes. En 1990, une opposition se forme au nord du pays avec l'Alliance nationale démocratique (NDA) qui combat aux côtés des rebelles du Sud. En juillet 2002, le gouvernement et le SPLA ont signé un accord : dans un délai de six ans, le sud du Soudan pourrait obtenir son autonomie à l'issue d'un référendum d'autodétermination.

Conséquences : en dépit des négociations, le pays n'est pas pacifié et de nombreux blocages subsistent, dont la question de la liberté religieuse. Malgré un nouvel accord en novembre 2003, les zones non sécurisées sont encore nombreuses.

Particularités : les populations du Sud sont réduites en esclavage par des membres de clans du Nord-Soudan.

ÉTHIOPIE

La guerre d'indépendance de l'Érythrée

Dates : 1962–1991.

Forces en présence : les groupes rebelles du FLE, puis FPLE et FPLT contre les forces gouvernementales éthiopiennes soutenues par les Soviétiques.

Lieu d'impact : Éthiopie.

Cause : volonté séparatiste de l'Érythrée après son annexion par l'empereur éthiopien, le Négus Haïlé Sélassié, en novembre 1962.

Déroulement : en 1962, l'Érythrée, qui faisait partie d'une fédération avec l'Éthiopie depuis 1952, est annexée par l'Éthiopie. La lutte pour l'indépendance est lancée à l'initiative du Front de libération de l'Érythrée (FLE). Au début des années 1970 apparaît le FPLE (Front de libération du peuple érythréen) et, en l'espace de quelques années, les deux mouvements contrôlent une grande partie du territoire. L'Éthiopie fait alors appel aux Soviétiques, ce qui permet de renforcer la junte du lieutenant-colonel Mengistu, au pouvoir en Éthiopie depuis 1977. Mais les combats se poursuivent. Aux fronts indépendantistes érythréens s'ajoute alors un mouvement d'opposition éthiopien, le FPLT (Front de libération du peuple du Tigré). En 1991, l'alliance de ces trois groupes leur permet de prendre la capitale : le FPLT renverse le régime marxiste de Mengistu et prend le pouvoir en Éthiopie. De son côté, le FPLE annonce l'indépendance de l'Érythrée.

Conséquences : l'indépendance de l'Érythrée est effective à la fin du mois de mai 1993, à la suite d'un référendum d'autodétermination.

NIGERIA

La guerre du Biafra

Dates : juin 1967-janvier 1970.

Forces en présence : Ibos contre forces gouvernementales nigériennes.

Lieu d'impact : province du Biafra, au Nigeria.

Cause : proclamation de l'indépendance du Biafra, le 30 mai 1967.

Déroulement : à l'issue de la première année de conflit (commencé en juin 1967), les Ibos se retrouvent encerclés dans leur province du Biafra. Malgré un pont aérien avec le Gabon, ils sont victimes d'une famine qui les oblige à signer une capitulation sans condition le 15 janvier 1970.

Conséquences : on dénombre 1 million de victimes.

TCHAD

Dates : 1968-1987.

Forces en présence : les rebelles toubous, soutenus par les troupes libyennes, contre les troupes gouvernementales tchadiennes. Intervention des forces françaises en 1969, 1977, 1983 et 1986.

Lieu d'impact : Tchad.

Cause : revendications des Toubous qui s'estiment lésés par le pouvoir aux mains des Bantous.

Déroulement : une guerre civile s'engage en 1968 entre les populations du nord (les Toubous) et celles du sud (les Bantous), conduisant en 1969 le gouvernement à faire appel à l'intervention des troupes françaises. En 1973, les troupes libyennes interviennent au profit des rebelles du nord en envahissant la bande frontalière d'Aozou, qu'elles revendiquent. En 1977, les Français interviennent à nouveau. En 1983, après un bref retour au calme, les combats reprennent et les Français refoulent les Toubous et les Libyens. De 1986 à 1987 se déroulent les derniers combats avec une nouvelle intervention française.

Conséquences : un cessez-le-feu est signé le 11 septembre 1987, et la Libye renonce officiellement à la bande d'Aozou en 1994.

ANGOLA

La lutte pour l'indépendance

Dates : 1961-1975.
Forces en présence : les indépendantistes angolais contre les colons portugais.
Lieu d'impact : Angola.
Cause : période de décolonisation en Afrique.
Déroulement : deux mouvements indépendantistes s'opposent à la colonisation portugaise : le Mouvement populaire de libération de l'Angola (MPLA) d'Agostino Neto, fondé en 1956, et le Front national de libération de l'Angola (FNLA) créé en 1957 par Holden Roberto. Issue du FNLA, l'Union nationale pour l'indépendance totale de l'Angola (UNITA) naît en 1966. En janvier 1975, les accords d'Alvor sont signés entre le Portugal et les indépendantistes.
Conséquences : l'Angola proclame son indépendance le 11 novembre 1975.

La guerre civile

Dates : 1975-1994 puis 1998-2002.
Forces en présence : les forces du MPLA, soutenus par les troupes cubaines, contre celles du FNLA puis de l'UNITA, soutenues par l'Afrique du Sud.
Lieu d'impact : Angola.
Cause : lutte pour le pouvoir angolais après la proclamation d'indépendance.
Déroulement : une guerre civile éclate entre factions rivales après le départ des colons portugais. Le pouvoir aux mains du MPLA est contesté par les partisans de l'UNITA, qui cherchent à détenir eux aussi les ressources pétrolifères angolaises. De leur côté, les opposants se livrent une guerre ethnique et idéologique. La paix est signée en novembre 1994 à Lusaka, et une mission de pacification des Nations unies intervient (la MONUA), mais les hostilités reprennent en 1998. Un nouveau cessez-le-feu est signé en avril 2002.
Conséquences : le pays est ravagé économiquement et de nombreux réfugiés ont été victimes de la famine.

COMORES

Dates : août 1976-mai 1978.
Forces en présence : les partisans du président Abdallah contre le Comité national révolutionnaire.
Lieu d'impact : Comores.
Cause : lutte pour le pouvoir.
Déroulement : à la suite de l'indépendance des Comores, acquise en 1975, cet ancien protectorat français connaît une vague de violence. Le nouveau président, Ahmed Abdallah, est bientôt destitué par un Comité national révolutionnaire au profit d'Ali Soilih, qui devient président. Dans ce régime autoritaire, la répression s'aggrave et les heurts se multiplient jusqu'en mai 1978, lorsque le gouvernement est renversé par un coup d'État dicté par un mercenaire français, Bob Denard.
Conséquences : les mercenaires ramènent l'ancien président Abdallah au pouvoir tandis que la République fédérale et islamique est proclamée.

SÉNÉGAL

Le conflit séparatiste de Casamance

Dates : depuis 1982.
Forces en présence : Sénégalais contre séparatistes de Casamance.
Lieu d'impact : Casamance, surtout la région de Ziguinchor.
Causes : revendication sécessionniste de la Casamance (sénégalaise), une enclave entre la Gambie et la Guinée-Bissau.
Déroulement : sous l'impulsion de l'abbé Diamacoune, puis du Mouvement des forces démocratiques de Casamance (MFDC), la Casamance veut faire sécession avec le Sénégal. Depuis 1982, des affrontements armés ont lieu régulièrement.
Conséquences : on dénombre 1 millier de victimes.

OUGANDA

Rébellions ethniques

Dates : 1986-1987 et depuis 1994.

Forces en présence : les rebelles du Holly Spirit Movement puis ceux du LRA (Lord Resistance Army) contre les forces gouvernementales.

Lieu d'impact : surtout nord et ouest de l'Ouganda.

Cause : la rébellion en 1986 des ethnies du sud, animistes et musulmanes, contre le gouvernement et les Bantous du nord, chrétiens.

Déroulement : en 1986 la lutte armée du Holly Spirit Movement est lancée contre les autorités gouvernementales du président Yoweri Museveni. Ces dernières parviennent à vaincre les rebelles l'année suivante, mais la lutte reprend en 1994, menée cette fois par le LRA, qui défend les intérêts de la minorité acholie, une ethnie du nord, soutenue par le Soudan.

Conséquences : malgré un apaisement de la situation, les tensions n'ont pas complètement disparu.

LIBERIA

La guerre civile

Dates : décembre 1989-juillet 1997.

Forces en présence : forces gouvernementales contre le NPLF de Charles Taylor.

Lieu d'impact : Liberia.

Cause : la révolte du NPLF (National Patriotic Front of Liberia) contre la dictature de Samuel Doe.

Déroulement : le gouvernement au pouvoir pratique une politique autoritaire et favorise l'ethnie des Krahns au détriment du reste de la population, ce qui encourage une rébellion. Tandis que le NPLF gagne du terrain, une force d'interposition africaine se met en place, l'Ecomog. Menée par le Nigeria favorable au président Doe, l'Ecomog repousse les rebelles mais les milices se multiplient et donnent une ampleur nouvelle à la guerre civile. Elle ne s'essoufflera qu'en 1996.

Conséquences : la guerre civile prend fin à la suite d'élections remportées par Charles Taylor en juillet 1997.

SIERRA LEONE

Dates : mars 1991-novembre 2000.

Forces en présence : les forces armées du RUF (Front révolutionnaire uni) contre les forces gouvernementales.

Lieu d'impact : Sierra Leone.

Cause : attaque du RUF contre deux villages en mars 1991.

Déroulement : une partie de la population de la Sierra Leone souhaite un meilleur partage du pouvoir et des richesses du pays (les diamants surtout). Au printemps 1991 le RUF, fondé par Foday Sankoh, engage la lutte armée. Deux coups d'État se succèdent entre 1992 et 1996. Les actions du RUF s'intensifient en 1995, mais des négociations aboutissent en novembre 1996 à la signature des accords d'Abidjan (Côte-d'Ivoire). Ces accords s'avèrent être un échec et les combats reprennent l'année suivante. Un membre du RUF, Johnny Paul Koroma, parvient à renverser le gouvernement du président Kabbah, le 25 mai 1997. L'intervention d'une force africaine d'interposition, l'Ecomog, contraint Koroma à quitter le pays tandis que le président Kabbah est réhabilité. Le RUF multiplie les actions violentes et recrute des adolescents pour pratiquer les pires atrocités. L'intervention des Nations unies (par la MONUSIL, puis la MINUSIL) qui décrètent notamment un embargo et la mise en place de l'état d'urgence aura raison du RUF. Un cessez-le-feu définitif est signé à Abuja (Nigeria) en novembre 2000.

Conséquences : le conflit a fait 150 000 morts et 4 000 mutilés.

DJIBOUTI

La guerre civile

Dates : novembre 1991-décembre 1994.
Forces en présence : Afars contre Somalis.
Lieu d'impact : République de Djibouti.
Cause : lutte de pouvoir entre clans rivaux.
Déroulement : les Afars contestent le pouvoir aux mains d'un des clans somalis (les Issas mamassans) ; le Front pour la restauration de l'unité et la démocratie (FRUD) lance la lutte armée en novembre 1991. Cette opposition des Afars se termine en décembre 1994 avec un accord de paix prévoyant l'entrée du FRUD dans la légalité en devenant un parti politique reconnu.
Conséquences : la paix est revenue, mais il existe depuis lors des oppositions au sein même des clans somalis.

SOMALIE

La guerre civile

Dates : 1991-2002.
Forces en présence : cinq grands clans rivaux, intervention des troupes américaines, puis éthiopiennes.
Lieux d'impact : le sud de la Somalie et la capitale, Mogadiscio.
Cause : rivalité entre les cinq principaux clans somaliens (Darods, Dir, Issak, Hawiye, Sab), eux-mêmes divisés en sous-clans et tribus.
Déroulement : au terme de près d'une décennie de conflit, le régime du président somalien, Siyad Barré, est renversé en 1991 suite à l'alliance entre plusieurs groupes rebelles. Le pays entre alors dans une phase de complète anarchie en raison de l'absence de pouvoir centralisateur. Les anciens alliés se divisent et s'affrontent désormais pour prendre le pouvoir. Le sud du pays, où sévissent des milices, est le théâtre des pires affrontements. En 1992, les États-Unis décident d'intervenir dans le cadre de l'opération

« Restore Hope », mais celle-ci échoue rapidement et les Américains quittent le pays l'année suivante. Les Nations unies envoient alors des Casques bleus qui doivent quitter à leur tour le pays en 1995. À partir de 1997, Éthiopiens et Égyptiens se mêlent directement ou indirectement au conflit : deux ans plus tard, les troupes éthiopiennes pénètrent en Somalie pour mettre en difficulté les clans islamistes (financés par les Saoudiens).

Conséquences : prolifération des armes, famine et détournement de l'aide alimentaire, et insécurité chronique règnent en Somalie, privée d'un pouvoir étatique.

Particularités : la Somalie a été qualifiée par George Bush de « second Afghanistan » en 2002, mais les États-Unis ont choisi de ne pas y revenir. Le 27 octobre 2002, un cessez-le-feu était signé après de nouveaux affrontements entre factions rivales.

RWANDA

Le génocide

Dates : avril-juillet 1994.

Forces en présence : Hutus contre Tutsis.

Lieux d'impact : Rwanda et pays voisins (ex-Zaïre, Burundi, Ouganda) abritant des réfugiés.

Cause : la mort dans un attentat du président hutu Habyarimana, le 6 avril 1994, sert de prétexte aux extrémistes hutus pour engager les massacres.

Déroulement : les Forces armées rwandaises (FAR), aux mains des Hutus, lancent dès l'annonce de la mort du président une série de massacres de la minorité tutsi ; la situation s'inverse, et ce sont ensuite les Hutus qui sont exterminés par les Tutsis du Front patriotique rwandais (FPR). Ces derniers prennent le pouvoir en juillet suivant. En dépit de l'intervention des forces armées françaises et des Casques bleus des Nations unies, la guerre civile au Rwanda se solde par un véritable génocide.

Conséquences : un gouvernement d'« union nationale » comprenant des représentants des deux ethnies est mis en place à l'issue du conflit. On dénombre environ 1 million de morts.

République démocratique du Congo
(ex-Zaïre)

Dates : depuis 1997.

Forces en présence : rebelles hémas et lendus soutenus par le Rwanda et l'Ouganda contre les forces gouvernementales de Kabila.

Lieu d'impact : République démocratique du Congo, surtout la zone nord-est.

Cause : affrontement récurrent entre les groupes ethniques et visées expansionnistes de pays voisins.

Déroulement : en mai 1997, Laurent-Désiré Kabila, à la tête de l'Alliance des forces pour la libération du Congo-Zaïre (AFDL), parvient à prendre le pouvoir après des décennies de lutte contre le régime du président Mobutu. Cet événement entraîne les pays voisins (surtout le Rwanda et l'Ouganda) à intervenir militairement, mais Mobutu disparaît ; Kabila instaure un régime autoritaire. Il reçoit une aide militaire de l'Angola, du Zimbabwe et de la Namibie, mais il est abattu en janvier 2001. Son fils, Joseph, lui succède.

Les opposants au régime sont soutenus par le Rwanda et l'Ouganda, attirés par les grandes richesses de la République démocratique du Congo, notamment l'or et les diamants. Cette lutte a pour conséquence de diviser le pays en plusieurs grandes zones, chacune sous la coupe d'un chef de guerre. En 1999, le pays est divisé ainsi : l'ouest et le sud contrôlés par le gouvernement et ses alliés, le nord et l'est contrôlés par des mouvements d'opposition au régime de Kabila. Cette dernière zone est elle-même divisée en plusieurs parties et sous l'influence du Rwanda et de l'Ouganda.

En 2002, les troupes rwandaises et ougandaises acceptent de se retirer, mais la situation demeure très instable et les hostilités ne tardent pas à renaître. L'accord de paix de Pretoria, le 17 décembre 2002, n'est pas parvenu à calmer la situation ni à faire libérer la partie orientale du pays.

À la suite du retrait des forces étrangères, un gouvernement provisoire est institué. Il a pour mission de préparer l'élection présidentielle 2005. Un processus de réunification du pays est lancé en juillet 2003, mais l'insécurité régionale remet en question les espoirs de paix. L'Ouganda et le

Rwanda continuent d'agir *via* des milices interposées. Le 1er juin 2003, une force des Nations unies, la MONUC, est envoyée en République démocratique du Congo. Elle est secondée par 1 500 soldats de l'opération Mamba.

Conséquences : le conflit congolais aurait fait en une dizaine d'années entre 2 et 3 millions de morts.

Particularités : des enfants-soldats sévissent au nord-est du pays.

ÉTHIOPIE-ÉRYTHRÉE

Dates : mai 1998-juin 2000.

Forces en présence : les forces armées de l'Érythrée contre les forces armées éthiopiennes.

Lieu d'impact : zone frontalière entre l'Érythrée et l'Éthiopie.

Cause : assassinat le 6 mai 1998 de militaires érythréens par des militaires éthiopiens.

Déroulement : le 6 mai 1998, des combats s'engagent entre les deux pays, suite à l'invasion de la zone frontalière de Badmé par l'Érythrée. Quelques jours plus tard, l'Éthiopie entre en guerre. Deux années de guerre de tranchées entraînent la mort de 100 000 combattants.

Conséquences : en juin 2000, un cessez-le-feu est signé sous l'égide de l'Organisation de l'Unité africaine. Les troupes éthiopiennes achèvent leur retrait du territoire érythréen l'année suivante.

CÔTE-D'IVOIRE

La guerre civile

Dates : depuis septembre 2002.

Forces en présence : les rebelles du MPCI, du MPIGO et du MJP contre les forces gouvernementales.

Lieu d'impact : Côte-d'Ivoire.

Cause : revendication d'une partie de la population s'estimant lésée par la politique nationaliste d'ivoirité qui consiste à privilégier les ethnies du sud et de l'ouest.

Déroulement : le conflit ivoirien débute après la mutinerie de plusieurs casernes le 19 septembre 2002. Une partie de la population, dont des militaires, se révolte contre le gouvernement de Laurent Gbagbo. Très rapidement, le Mouvement patriotique de Côte-d'Ivoire (MPCI) prend le contrôle du nord du pays. L'intervention des forces françaises permet de mettre un terme à leur avancée, mais fin 2002 interviennent d'autres rebelles, liés au Mouvement populaire ivoirien du Grand Ouest (MPIGO) et au Mouvement pour la justice et la paix (MJP). Sous les auspices de la France, les accords de Marcoussis tentent en janvier 2003 de former un gouvernement de réconciliation nationale.

Conséquences : s'estimant agressé par l'État voisin du Liberia, le président Gbagbo a sollicité l'intervention de la France en vertu des accords de défense passés après l'indépendance de la Côte-d'Ivoire.

Particularités : l'ONUCI (Opération des Nations unies en Côte-d'Ivoire), qui compte plusieurs milliers de Casques bleus, doit depuis le premier semestre 2004 superviser le cessez-le-feu et les mouvements des groupes armés.

Amérique

1899-1903 : la guerre des « mille jours » au Panama
*
1910-1920 : la révolution mexicaine
*
1932 : le Salvador
*
1932-1953 : la Violencia en Colombie
*
1952 : l'insurrection en Bolivie
*
1956-1958 : la révolution cubaine
*
1961 : le désastre de la baie des Cochons
*
Depuis 1961 : la guérilla en Colombie
*
1962 : la crise des fusées de Cuba
*
1973 : Chili
*
1978-1979 : la lutte anti-Somoza au Nicaragua
*
1980-1988 : la lutte antisandiniste au Nicaragua
*
1980-1992 : Salvador
*
1982 : la guerre des Malouines en Argentine
*
1989 : l'intervention américaine au Panama
*
1994 : la révolte du Chiapas au Mexique

AMÉRIQUE CENTRALE

PANAMA

La guerre des « mille jours »

Dates : 1899-1903.
Forces en présence : rébellion des libéraux colombiens contre les conservateurs au pouvoir.
Lieu d'impact : nord de la Grande Colombie.
Cause : l'opposition politique est encouragée par les États-Unis qui souhaitent contrôler la future zone du canal de Panama.
Déroulement : après des années d'opposition politique, les libéraux colombiens s'engagent dans une rébellion armée en 1899, qui devient une guerre d'indépendance surnommée la guerre des « mille jours ». Elle s'achève en 1903 avec la séparation de la région nord de la Colombie, qui devient l'État du Panama.
Conséquences : cette guerre a fait 100 000 victimes.
Particularités : Le canal de Panama, qui avait poussé les Américains à soutenir la sécession du nord de la Colombie, est inauguré en 1914.

MEXIQUE

La révolution mexicaine

Dates : 1910-1920.
Forces en présence : la rébellion populaire contre le pouvoir mexicain aux mains des grands propriétaires terriens,

d'abord, et la dictature du général Porfirio Diaz (1830-1915), ensuite.

Lieu d'impact : Mexique.

Cause : la misère populaire fait grandir l'opposition au régime, qui demande une réforme agraire.

Déroulement : le Mexique souffre d'une instabilité politique chronique : deux coups d'État ont lieu entre 1911 et 1914. La pauvreté dans les campagnes est immense. En 1910 éclate la révolution mexicaine au cours de laquelle les forces gouvernementales affrontent la révolte menée sur deux fronts : celle du nord du pays dirigée par Venustanio Carranza et Alvaro Obregon, et surtout celle du sud dirigée par Emiliano Zapata. Ce dernier, allié à un autre chef rebelle, Pancho Villa, parvient à prendre Mexico en décembre 1914.

Conséquences : le pouvoir, passé aux mains du général Alvaro Obregon, mate la rébellion en 1920 : Zapata est mort l'année précédente et Pancho Villa doit se soumettre en décembre. Mais il faut encore une quinzaine d'années avant que la paix revienne au Mexique. Le président Lazaro Cardenas, élu en 1934, initie finalement une série de réformes agraires et sociales.

Particularités : Emiliano Zapata, exécuté sur ordre du gouvernement en 1919, lors d'un guet-apens, est resté un symbole fort dans la mémoire des Mexicains. Son nom est repris dans les années 1990 par un mouvement de rébellion, l'EZLN.

SALVADOR

Date : 1932.

Forces en présence : opposition paysanne menée par Farabundo Marti contre le régime du général Martinez.

Lieu d'impact : Salvador.

Cause : révolte contre l'exploitation de la population.

Déroulement : face à la multiplication des révoltes paysannes, le général Martinez impose une répression sévère.

Conséquences : on dénombre 30 000 morts à la suite des mesures de répression adoptées par le gouvernement salvadorien.

Particularités : dans les années 1980, le Front Farabundo Marti de libération nationale (FMLN), un mouvement révolutionnaire d'obédience marxiste, a mené une guerre contre le régime démocratique du président Duarte.

CUBA

La révolution cubaine

Dates : décembre 1956-décembre 1958.

Forces en présence : le mouvement révolutionnaire dit « du 26 juillet » face au gouvernement cubain.

Lieu d'impact : Cuba.

Cause : opposition d'une partie de la population cubaine contre le régime de dictature.

Déroulement : les méthodes arbitraires du dictateur Fulgencio Batista lui attirent un nombre croissant d'opposants. Parmi eux se distingue Fidel Castro, un jeune avocat cubain qui a fondé le Mouvement du 26 juillet en mémoire de l'attaque d'une caserne qu'il avait menée en juillet 1953. En décembre 1956, Fidel Castro, Ernesto « Che » Guevara, révolutionnaire argentin, et leurs compagnons débarquent sur l'île avec pour objectif de lancer une guérilla. Depuis les forêts de l'Oriente, principal relief de Cuba appelées la sierra Maestra, les révolutionnaires (surnommés « barbudos ») luttent contre le régime de Batista. En décembre 1958, leurs efforts sont récompensés : ils prennent la ville de Santa Clara et atteignent La Havane.

Conséquences : en janvier 1959, Fidel Castro prend le pouvoir alors que Batista s'enfuit à l'étranger.

Particularités : un régime socialiste est adopté l'année suivante, au grand dam des Américains.

Le désastre de la baie des Cochons

Date : 17 avril 1961.

Forces en présence : opposants cubains aidés des services secrets américains contre le régime cubain de Fidel Castro.

Lieu d'impact : baie des Cochons à Cuba.

Cause : les États-Unis sont ulcérés d'apprendre en 1960 que Cuba a passé une alliance avec les Soviétiques et que ce pays fait donc partie du monde socialiste. Ils décident de soutenir les opposants ou anticastristes.

Déroulement : le 17 avril 1961, 1 500 exilés cubains débarquent dans la baie des Cochons, sur l'île de Cuba, dans le but de renverser le régime castriste. Cette opération a été organisée par la CIA américaine, mais la participation américaine est moins importante que prévue. De plus, Fidel Castro a été informé à l'avance et s'est préparé à leur arrivée.

Conséquences : cette opération est un échec et les opposants sont massacrés en touchant le sol. Les États-Unis se contentent ensuite d'un blocus contre Cuba.

Particularités : les Américains renforcent leur surveillance sur l'île. L'année suivante, cette mesure s'avère décisive (voir la crise des fusées).

La crise des fusées

Date : octobre 1962.

Forces en présence : l'Union soviétique (et Cuba) contre les États-Unis.

Lieu d'impact : le territoire cubain est au centre du différend.

Cause : installation de rampes de lancement de missiles balistiques soviétiques à Cuba.

Déroulement : en octobre 1956, un avion espion américain, U2, découvre l'installation de rampes de lancement de missiles soviétiques sur le territoire cubain. Il s'agit de missiles SS-4 et SS-5 à portée intermédiaire (3 500 kilomètres), susceptibles d'atteindre directement le territoire américain. Le président américain Kennedy réagit immédiatement en exigeant du dirigeant soviétique Nikita Khrouchtchev qu'il retire ces installations. Au terme d'une crise de treize jours, la demande de Washington est acceptée. La paix est sauvée.

Conséquences : les Soviétiques consentent le 28 octobre à retirer les rampes de lancement tandis que les États-Unis s'engagent de leur côté au retrait de leurs missiles Jupiter, stationnés en Turquie et tournés vers le territoire soviétique. Washington promet aussi de ne jamais chercher à envahir le territoire cubain.

Particularités : jamais encore le monde ne s'était trouvé aussi près d'une troisième guerre mondiale. Une nouvelle ère s'ouvre dans les relations internationales, celle de la Détente. Les chefs d'État américain et soviétique décident d'installer une ligne directe entre eux, le « téléphone rouge » (un téléscripteur).

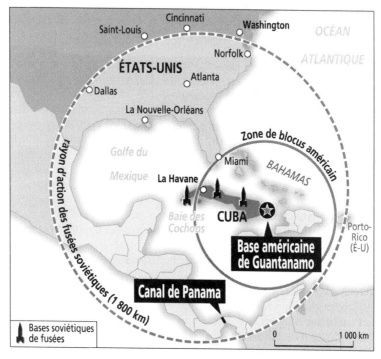

La crise de Cuba

NICARAGUA

La lutte anti-Somoza

Dates : 1978-1979.
Forces en présence : les partisans du FSLN contre le gouvernement de Somoza.
Lieu d'impact : Nicaragua.
Cause : lutte armée des opposants au régime répressif de Somoza.
Déroulement : le Front **sandiniste*** de libération nationale (FSLN) voit le jour au début des années 1960, et l'opposition au régime de la dynastie des Somoza s'accentue à la fin des années 1970 avec le ralliement massif d'une population excédée par la répression. En janvier 1978, le rédacteur en chef du journal d'opposition *La Prensa*, Pedro Joachim Chamorro, est assassiné, ce qui provoque une nouvelle rébellion. Peu après, les forces sandinistes réalisent un coup d'éclat en prenant en otage le palais national (1 500 personnes, qui seront échangées contre des armes et de l'argent). Malgré une sévère offensive du FSLN, soutenu par la population, en septembre 1978, le président Somoza refuse de quitter le pouvoir et accentue encore la répression. Les sandinistes réussissent enfin à prendre le pouvoir, le 17 juillet 1979.
Conséquences : on dénombre plus de 40 000 morts et 100 000 blessés, la situation économique du pays est catastrophique.
Particularités : une nouvelle guerre voit le jour très rapidement, l'opposition aux sandinistes étant toujours active.

La lutte antisandiniste

Dates : 1980-1988.
Forces en présence : les Contras contre les **sandinistes***.
Lieux d'impact : Nicaragua, et zone frontalière avec le Honduras.
Cause : soutien des Américains aux Contras, l'opposition antisandiniste.
Déroulement : les membres du Front sandiniste de libération nationale (FSLN) ont renversé le pouvoir d'Anastasio

Somoza en juillet 1979. Les Américains s'inquiètent du soutien que ceux-ci apportent à la guérilla salvadorienne. Washington décide alors d'armer l'opposition des Contras (partisans de l'ancien régime de Somoza), ce qui accentue la radicalisation du régime sandiniste, qui se tourne vers Moscou, et provoque une guerre civile. La guerre s'achève en mars 1988 par les accords de paix de Sapoa.

Conséquences : après la signature des accords de paix, la démocratie revient au Nicaragua.

Particularités : l'aide apportée par les Américains aux Contras est financée par la vente d'armes à l'Iran, ce qui provoqua le scandale de l'*Irangate* aux États-Unis.

SALVADOR

Dates : 1980-1992.

Forces en présence : les rebelles du Front Farabundo Marti de libération nationale (FFMLN) et des milices d'extrême droite contre le gouvernement salvadorien de Napoléon Duarte, puis de d'Alfredo Cristiani.

Lieu d'impact : Salvador.

Cause : opposition au pouvoir démocratique.

Déroulement : le président Napoléon Duarte a été élu démocratiquement, mais l'instabilité récurrente au Salvador s'accentue. Les propriétaires fonciers, craignant une redistribution des terres, financent des milices d'extrême droite (également soutenues par les Américains). De son côté, le mouvement marxiste du FFMLN tente de prendre le pouvoir. Le pays est en pleine guerre civile jusqu'aux accords de paix de Chaputelpec en 1992, qui consacrent le maintien de la démocratie dans le pays (à laquelle participe désormais le FFMLN).

Conséquences : cette guerre civile a coûté la vie à 70 000 personnes.

Particularités : les milices sont connues sous le nom d'« escadrons de la mort » en raison de la violence de leurs exactions.

PANAMA

L'intervention américaine de 1989

Dates : 20-24 décembre 1989.

Forces en présence : partisans du général Noriega contre les forces armées américaines.

Lieu d'impact : Panama.

Cause : opposition du président Bush et d'une partie de la population panaméenne au maintien au pouvoir du général Noriega.

Déroulement : depuis 1987, les émeutes se multiplient pour obtenir la démission du général Manuel Noriega. À la tête des forces militaires panaméennes depuis quatre ans, ce dernier est par ailleurs étroitement mêlé au trafic de drogue. Les Américains, présents dans la zone du canal jusqu'en 1999, sont critiqués par le général et décident donc de suspendre leur aide financière au Panama et de lâcher Noriega. Mais une élection présidentielle organisée en mai 1989 dégénère (on dénombre une quinzaine de victimes) et est finalement suspendue. Les Américains renforcent alors leur contingent dans le pays et appellent la population panaméenne à renverser Noriega. Ce dernier se fait proclamer chef du gouvernement en décembre 1989, et ouvre les hostilités contre les Américains. Le président Bush lance alors l'opération « Juste cause » d'intervention des troupes américaines (près de 30 000 hommes au total) au Panama le 20 décembre 1989. Noriega se réfugie à la nonciature du Vatican quatre jours plus tard.

Conséquences : en janvier 1990, le général Noriega se rend aux Américains ; il est condamné en 1992 à quarante années de prison pour sa participation au trafic de drogue.

Particularités : les Américains dédommageront les quelque 3 000 familles des victimes de leur intervention de 1989.

MEXIQUE

La révolte du Chiapas

Date : 1ᵉʳ janvier 1994.

Forces en présence : l'Armée zapatiste de libération nationale contre le gouvernement du président mexicain Carlos Salinas.

Lieu d'impact : État fédéré du Chiapas, au sud du Mexique.

Cause : révolte des paysans indiens.

Déroulement : le 1ᵉʳ janvier 1994, des membres de l'Armée zapatiste de libération nationale (EZLN) s'emparent de plusieurs villes du Chiapas. L'EZLN, menée par le sous-commandant Marcos, dénonce la corruption du gouvernement et demande notamment un meilleur partage des richesses. Immédiatement, le gouvernement réagit. On dénombre 300 victimes parmi les rebelles. Mais l'EZLN trouve des alliés dans l'opposition politique et le président Salinas préfère proposer un « Compromis pour une paix digne dans le Chiapas », néanmoins refusé par Marcos. Le successeur de Salinas, Ernesto Zedillo, décide de lancer un mandat d'arrêt contre les dirigeants de l'EZLN et tente de ternir l'image de Marcos, populaire auprès des Indiens. Mais Marcos, toujours libre, parvient à obtenir la transformation de l'EZLN en parti politique.

En janvier 1996, l'EZLN devient le Front zapatiste de libération (FZLN). En dépit d'une amélioration avec les accords de San Andrès au bénéfice des Indiens, en février 1996, les heurts se poursuivent. Dans la ville d'Acteal en décembre 1997, 45 Indiens disparaissent, victimes de milices soutenues par le gouvernement pour lutter contre l'EZLN.

Conséquences : en 1998, de nouvelles négociations permettent de satisfaire une partie des revendications de l'EZLN au profit de la population indienne du Chiapas.

Particularités : le sous-commandant Marcos a bénéficié d'une importante médiatisation de son mouvement, et a utilisé Internet pour se faire connaître en Occident.

AMÉRIQUE DU SUD

COLOMBIE

La Violencia

Dates : 1948-1953.
Forces en présence : les libéraux colombiens contre les conservateurs au pouvoir.
Lieu d'impact : Colombie.
Cause : rivalités politiques et frustration de la population.
Déroulement : les tensions entre les groupes politiques se transforment en guerre civile après l'assassinat du leader populiste Jorge Eliecer Gaitan. Des milices paysannes affrontent les forces gouvernementales et les combats poussent les populations à se réfugier dans les villes. Au bout de cinq années de conflit, un coup d'État réalisé par le général Rojas Pinilla ramène le calme dans le pays.
Conséquences : la guerre s'achève avec le sinistre bilan de 250 000 victimes. Libéraux et conservateurs parviennent à s'entendre et signent un accord d'alternance politique en 1957.
Particularités : cette guerre civile est restée célèbre dans la mémoire des Colombiens sous le nom de « La Violencia ».

BOLIVIE

L'insurrection de 1952

Date : 8-11 avril 1952.
Forces en présence : les partisans du Mouvement national révolutionnaire (MNR) contre le gouvernement du général Hugo Ballivian Rojas.

Lieu d'impact : Bolivie.

Cause : le président Victor Paz Estenssoro, élu en juin 1956, a été renversé par un putsch. Le MNR cherche alors à récupérer le pouvoir.

Déroulement : les membres du MNR, opposés au nouveau régime qui leur a « volé » une victoire électorale l'année précédente, provoquent en février 1952 une série d'émeutes et de grèves. Le bras droit de l'ex-président Paz, Hernan Siles Suazo, appelle la population à se joindre aux partisans du MNR pour lancer une insurrection, du 8 au 11 avril 1952. Vaincue, l'armée gouvernementale doit se rendre aux insurgés au bout de trois jours. Le président Victor Paz Estenssoro revient au pouvoir en Bolivie le 13 avril suivant.

Conséquences : on dénombre 600 victimes.

COLOMBIE

La guérilla

Date : depuis 1961.

Forces en présence : rebelles de l'ALN, puis des FARC et du M-19 contre les autorités gouvernementales colombiennes.

Lieu d'impact : Colombie.

Causes : la lutte pour le pouvoir entre des mouvements de tendances politiques différentes, le trafic de drogue et la corruption au plus haut niveau de l'État ont empoisonné la vie politique colombienne et permis à la guérilla de se maintenir depuis les années 1960.

Déroulement : en 1961 débute une guérilla à l'initiative de l'Armée de libération nationale (ALN), relayée quatre ans plus tard par les Forces armées révolutionnaires colombiennes (FARC), et par le Mouvement du 19 avril (M-19) en 1974.

Contre ces mouvements, des milices privées se greffent à celles des trafiquants de drogue appartenant aux puissants cartels des villes de Bogota, Cali et Medellin.

Durant les années 1980 et 1990, la guérilla s'intensifie. Le gouvernement colombien, qui soutient les forces paramilitaires contre les rebelles, s'avère incapable d'enrayer la corruption qui gangrène le pays. En 1998, soucieux de pacifier les relations avec les FARC, le président Pastrana leur octroie une portion de territoire de 42 000 km² située au sud et devant être démilitarisée. Contrairement à ce qui était prévu, cette région est depuis considérée comme définitivement acquise par les FARC, qui y font la loi et ont poursuivi attentats et enlèvements, dont celui du sénateur Ingrid Bétancourt.

Conséquences : la situation en Colombie reste très incertaine et l'insécurité demeure.

Particularités : le président colombien élu en 2002, Alvaro Uribe (qui fut gouverneur de Medellin), avait déjà échappé à une quinzaine d'attentats contre sa personne au moment de son élection.

CHILI

Date : 11 septembre 1973.

Forces en présence : le général Pinochet contre le président Salvador Allende.

Lieu d'impact : Santiago (capitale du Chili).

Cause : depuis septembre 1970, un socialiste, Salvador Allende, est le président élu de la République chilienne. Sa politique, notamment de nationalisations, déplaît beaucoup aux Américains qui s'inquiètent de la menace qui pèse sur leurs intérêts économiques et politiques dans le pays. Son action suscite également l'opposition d'une partie de la population, en particulier l'armée.

Déroulement : soutenus par les services secrets américains (la CIA), les opposants au régime d'Allende tentent d'abord de déstabiliser le gouvernement. Mais cette tentative échoue avec la victoire du gouvernement aux élections législatives de mars 1973. L'automne suivant, l'opposition opte pour une mesure bien plus radicale : le général Pinochet, récemment promu chef d'état-major de l'armée de terre chilienne, provoque un coup d'État. Le 11 septembre 1973, l'armée s'empare du palais présidentiel et le président Allende trouve la mort pendant les combats.

Conséquences : le général Pinochet instaure une dictature militaire et devient l'année suivante le « chef suprême de la nation ».

Particularités : la répression du nouveau régime entraîne la disparition de milliers de personnes. Le général Pinochet, qui n'est plus au pouvoir depuis 1989, a été l'objet de démarches judiciaires en 2000 visant à le faire comparaître devant la justice. Pinochet ayant été jugé « sénile » après examen médical, les poursuites judiciaires sont abandonnées l'année suivante (mais pourraient reprendre prochainement, sa sénilité étant mise en doute).

ARGENTINE

La guerre des Malouines

Dates : 1er mai-14 juin 1982.

Forces en présence : les forces armées argentines contre les forces armées britanniques.

Lieu d'impact : îles Malouines (*Falkland* en anglais), à 600 kilomètres des côtes argentines.

Cause : revendication par l'Argentine des îles Malouines appartenant au Royaume-Uni.

Déroulement : désireux de détourner l'attention de la population afin de faire oublier les difficultés politiques et économiques du pays, le général Galtieri au pouvoir en Argentine envoie début avril 1982 des troupes dans l'archipel des Malouines. Cette intervention est immédiatement condamnée par la communauté internationale. Les Britanniques lancent un ultimatum. Les Argentins refusant de se retirer, les Britanniques débarquent dans l'archipel le 25 avril suivant. La guerre débute le 1er mai et s'achève par la victoire des forces britanniques, le 14 juin 1982, date à laquelle l'Argentine capitule. Le général Galtieri doit démissionner.

Conséquences : on dénombre 750 victimes argentines et 254 britanniques. La démocratie est proclamée en Argentine en 1984, après le départ de la junte militaire.

Asie

1899-1901 : la révolte des Boxers en Chine
*
1904-1905 : la guerre russo-japonaise en Mandchourie
*
1915-1916 : le génocide arménien
*
1937 : l'invasion japonaise en Chine
*
1946-1954 : la guerre d'Indochine
*
1947 : le Cachemire
*
1948-1949 : la première guerre israélo-arabe
*
1949 : Taiwan
*
1950-1953 : la guerre de Corée
*
1965-1975 : la guerre du Vietnam
*
1967 : la guerre des Six Jours
*
1970 : septembre noir en Jordanie
*
1971 : le Pakistan-Oriental
*
1973 : la guerre du Kippour
*
1975-1996 : les Khmers rouges au Cambodge
*
1976 : la « guerre de deux ans » au Liban
*
1979-1988 : l'invasion soviétique en Afghanistan
*
1980-1988 : la guerre Iran/Irak
*
1980-1992 : l'Intifada
*
1984-1998 : le Kurdistan
*
1987-1988 : la guerre civile au Liban
*
1989-1994 : la guerre civile en Géorgie
*
1991 : la guerre du Golfe
*
1998 : l'opération « Renard du désert »
*
2000 : la seconde Intifada
*
2001 : l'opération « Liberté immuable »
*
2003 : la seconde guerre du Golfe

PROCHE ET MOYEN-ORIENT

ISRAËL

La première guerre israélo-arabe

Dates : 14 mai 1948-20 juillet 1949.

Forces en présence : les troupes israéliennes font face aux forces armées de Transjordanie, d'Égypte et de Syrie ainsi qu'aux troupes libanaises et irakiennes.

Lieu d'impact : Israël.

Cause : refus des pays arabes de reconnaître la proclamation de l'État d'Israël.

Déroulement : les troupes arabes attaquent les Israéliens dès l'annonce de la création de l'État d'Israël, le 14 mai 1948. Après avoir remporté plusieurs victoires, les forces arabes doivent ensuite reculer devant les forces israéliennes mieux organisées. Au cours des premiers mois de 1949, les pays arabes demandent l'armistice les uns après les autres.

Conséquences : le conflit s'achève par des négociations menées entre le 23 février et le 20 juillet 1949 sous les auspices des Nations unies. L'État israélien agrandit son territoire de 6 000 km^2.

Particularités : l'État palestinien n'est pas proclamé, contrairement aux dispositions des Nations unies de 1947 (résolution 181), et 800 000 Palestiniens sont contraints de quitter leur territoire.

La guerre des Six Jours

Dates : 5-10 juin 1967.

Forces en présence : les forces israéliennes s'opposent aux forces armées égyptiennes, syriennes et jordaniennes.

Lieux d'impact : territoires limitrophes de l'État israélien.

Cause : le 22 mai 1967, le président égyptien Nasser entreprend de bloquer l'accès au golfe d'Aqaba aux Israéliens ; les Israéliens s'inquiètent des menaces de leurs pays voisins.

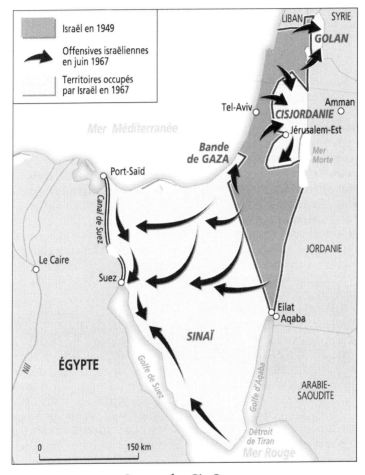

Guerre des Six Jours

Déroulement : le général israélien Rabin préfère attaquer le premier ; il lance une guerre éclair le 5 juin et ses troupes envahissent à la fois le désert du Sinaï (Égypte), le Golan (Syrie) la Cisjordanie et Gaza. Cinq jours plus tard, les armées arabes demandent un cessez-le-feu.

Conséquences : les Israéliens proclament Jérusalem leur capitale. En dépit de la résolution 242 des Nations unies qui leur demandent de restituer les territoires pris à l'ennemi, les Israéliens les conservent, ce qui entraîne le départ supplémentaire de 250 000 Palestiniens.

Particularités : les conquêtes de 1967 ne sont pas reconnues par la communauté internationale.

JORDANIE

Septembre noir

Dates : 17 septembre-6 octobre 1970.

Forces en présence : les fedayin (combattants engagés dans des opérations de guérilla) palestiniens contre l'armée jordanienne.

Lieu d'impact : Jordanie.

Cause : le roi Hussein de Jordanie craint la montée en puissance des organisations armées palestiniennes dans son pays, en particulier le Front populaire de libération de la Palestine (FPLP) qui menace directement la monarchie jordanienne.

Déroulement : le roi Hussein fait réprimer les agitateurs qui menacent son pays en faisant intervenir l'armée.

Conséquences : on dénombre 3 500 victimes de cette intervention, qui est suivie de nombreuses expulsions. Soucieux de parvenir néanmoins à une entente avec la forte minorité palestinienne de Jordanie, le roi Hussein passe un accord avec Yasser Arafat, chef de l'Organisation de libération de la Palestine (OLP). Les milices palestiniennes expulsées de Jordanie trouvent refuge en Syrie et au Liban, où leur présence a un rôle certain dans la guerre civile qui éclate dans ce pays en 1982.

Particularités : en septembre 1972, un groupe terroriste palestinien appelé « Septembre noir » en mémoire de la répression jordanienne prend en otage et massacre onze athlètes israéliens lors de jeux Olympiques de Munich.

ISRAËL

La guerre du Kippour

Dates : 6-25 octobre 1973.

Forces en présence : l'armée israélienne contre les forces armées égyptiennes et syriennes.

Lieux d'impact : zones limitrophes du territoire israélien, dont le Golan et la frontière israélo-égyptienne.

Cause : les pays arabes demandent l'application de la résolution 242 des Nations unies sur le retrait des territoires occupés par les Israéliens depuis 1967.

Déroulement : les pays arabes lancent le 6 octobre (jour de la fête juive du Grand Pardon, le Kippour) une attaque aux frontières de l'État hébreu. Les forces israéliennes doivent affronter les Syriens au nord et les Égyptiens au sud, dans le Sinaï.

En moins de trois semaines, Israël parvient à vaincre les armées arabes qui demandent un cessez-le-feu les 23 et 24 octobre 1973.

Conséquences : les pays arabes humiliés feront subir des représailles aux Occidentaux *via* l'OPEP* en quadruplant le prix du baril de pétrole entre octobre et décembre 1973.

Particularités : c'est le général Ariel Sharon, futur Premier ministre, qui commandait l'armée israélienne pendant la guerre du Kippour.

LIBAN

La « guerre de deux ans »

Dates : 13 avril 1975-18 octobre 1976.

Forces en présence : les phalangistes chrétiens contre les musulmans libanais alliés aux Palestiniens.

Lieu d'impact : Liban.

Cause : les chrétiens du Liban voient leur pouvoir de plus en plus contesté par les musulmans. L'arrivée massive de réfugiés palestiniens au Liban augmente l'opposition des deux communautés.

Déroulement : le massacre de Palestiniens et de Libanais le 13 avril 1975 par des phalangistes (chrétiens maronites) déclenche la guerre civile. Le conflit se répand immédiatement dans les grandes villes libanaises. En janvier 1976 a lieu la « bataille de la quarantaine » opposant les phalangistes aux Palestiniens de Beyrouth, la capitale. La Syrie intervient pour protéger le gouvernement et combattre à son tour les Palestiniens. Cette intervention permet de signer un cessez-le-feu, négocié à Riyad, la capitale saoudienne, le 18 octobre 1976.

Conséquences : en dépit de cet accord, les tensions demeurent vives entre les communautés du Liban et donnent lieu six ans plus tard à une nouvelle guerre civile, plus terrible encore.

IRAN/IRAK

La guerre

Dates : 22 septembre 1980-20 août 1988.

Forces en présence : les forces armées irakiennes s'opposent aux forces armées iraniennes.

Lieu d'impact : Iran-Irak.

Cause : une rivalité de puissance dans la région oppose Saddam Hussein et l'**ayatollah*** Khomeyni.

Déroulement : les troupes irakiennes lancent une offensive contre l'Iran le 22 septembre 1980 et parviennent à prendre la zone du Chatt al-Arab. En dépit des difficultés, l'Iran refuse un cessez-le-feu et la guerre se poursuit, particulièrement meurtrière. Les combattants sont fanatisés. Une contre-offensive iranienne permet de retourner la situation à la fin de l'année 1982. Une guerre des tranchées se met alors en place. Les Iraniens recrutent des enfants-soldats, les Irakiens ont recours aux armes chimiques... En 1987, les Nations unies proclament la résolution 598 pour un cessez-le-feu, mais il faut attendre encore une année avant que les deux camps, à bout de forces, ne l'acceptent. Un cessez-le-feu définitif est signé le 20 août 1988, sans qu'il y ait de véritable vainqueur.

Conséquences : cette guerre aura coûté la vie à 1 million de personnes et ruiné les économies des deux pays.

LIBAN

La guerre civile

Dates : 1982-1990.

Forces en présence : chrétiens maronites contre musulmans du Liban et Palestiniens. Intervention des forces israéliennes, syriennes, et de la FINUL (Forces intermédiaires des Nations unies au Liban).

Lieu d'impact : Liban.

Cause : affrontement entre les communautés confessionnelles du Liban.

Déroulement : en 1982, Israël lance l'opération « Paix en Galilée » d'invasion du Liban afin de lutter contre les opposants palestiniens qui attaquent son territoire depuis le Sud-Liban. Le 17 mai 1983, Israël impose un traité de paix au président libanais Amine Gemayel qui a succédé à son frère Béchir assassiné en septembre 1982. Mais la Syrie et les musulmans du Liban s'opposent à l'accord. Le conflit, qui s'était apaisé à la fin de l'année 1976, reprend massivement entre chrétiens maronites, musulmans et Palestiniens, notamment par le biais de dizaines de milices. Les soldats français et américains intervenus avec la FINUL sont victimes d'attentats en octobre 1983 et décident de partir. En 1988, les représentants palestiniens, hormis les chefs de l'OLP expulsés en 1983 sous la protection de la FINUL, acceptent de conclure une trêve. Alors que la Syrie semble maîtriser la situation au Liban, une nouvelle guerre éclate à l'initiative des chrétiens menés par le général Michel Aoun, qui souhaite faire partir les Syriens du pays.

La guerre semble prendre fin avec les accords de Taïf du 22 octobre 1989, qui prévoient une réconciliation et un nouveau partage du pouvoir entre les communautés confessionnelles, mais aussi le maintien de la tutelle syrienne sur le Liban. Mais le général Aoun s'y oppose et de nouveaux combats sévissent cette fois entre les chrétiens eux-mêmes.

Les accords de Taïf sont ratifiés à l'été 1990 et, après une dernière offensive du général Aoun, les combats cessent définitivement à l'automne.

Conséquences : on dénombre 150 000 morts à l'issue du conflit.

Particularités : les 16 et 17 septembre 1982, les troupes phalangistes ont massacré un millier de civils réfugiés dans les camps palestiniens de Sabra et Chatila. Un épisode qui restera le symbole de la sauvagerie pratiquée abondamment pendant cette guerre.

ISRAËL / PALESTINE

L'Intifada

Dates : 9 décembre 1987-1988.

Forces en présence : les Palestiniens des territoires occupés contre les forces armées israéliennes.

Lieu d'impact : territoires palestiniens.

Cause : demande d'application de la résolution 242 des Nations unies sur le retrait d'Israël des territoires occupés.

Déroulement : le soulèvement éclate dans le camp de Jabalya à la suite d'un accident de circulation survenu à Gaza : un chauffeur israélien ayant involontairement provoqué la mort de quatre personnes, les émeutes se multiplient et les troupes israéliennes ripostent. Un enfant est tué, ce qui provoque une vague de colère qui se répand dans toute la bande de Gaza et la Cisjordanie.

Conséquences : on dénombre environ 400 morts et 25 000 blessés après une année de soulèvement dans les territoires occupés.

Particularités : Intifada signifie « révolte des pierres ».

IRAK

La guerre du Golfe

Dates : 17 janvier-2 mars 1991.

Forces en présence : une coalition de 26 pays [1] menée par les États-Unis affronte les forces armées irakiennes.

Lieu d'impact : Irak et Koweït.

Cause : l'Irak a envahi le Koweït le 2 août 1990.

Déroulement : Saddam Hussein refusant de se plier à la résolution 660 des Nations unies du 3 août 1990 sur le retrait des troupes irakiennes du Koweït, une coalition menée par les États-Unis attaque le territoire irakien le 17 janvier 1991. Après un mois de bombardements, les alliés pénètrent en Irak et au Koweït. Saddam Hussein, vaincu, consent à négocier un cessez-le-feu le 2 mars suivant. Un cessez-le-feu définitif sera adopté un mois plus tard, selon la résolution 687 des Nations unies.

Conséquences : on dénombre environ 320 morts du côté de la coalition contre près de 100 000 du côté irakien. Le Koweït est libéré mais Saddam Hussein reste au pouvoir.

Particularités : la résolution 687 du 3 avril 1991 prévoit également l'élimination par l'Irak de toutes ses armes de destruction massive.

L'opération « Renard du désert »

Dates : 16-19 décembre 1998.

Forces en présence : l'armée de l'air américaine contre la défense aérienne irakienne.

Lieu d'impact : Irak.

Cause : la non-application par Saddam Hussein de la résolution 687 l'obligeant à renoncer aux armes de destruction massive.

Déroulement : le 16 décembre 1998, les États-Unis entament une série de bombardements aériens sur des instal-

---

1. Les États-Unis et leurs alliés occidentaux traditionnels, et tous les pays arabes, à l'exception de l'OLP (Organisation de Libération de la Palestine), de la Jordanie et du Yémen.

lations irakiennes accusées d'abriter des laboratoires et des stocks d'armes de destruction massive. Pendant trois jours, des centaines de missiles et de bombes sont envoyés sur les sites sensibles.

Conséquences : une dizaine de laboratoires, une vingtaine d'installations de commandement et une centaine de cibles militaires et économiques ont été particulièrement touchés.

Particularités : au cours de cette opération, les États-Unis envoient plus de missiles que pendant la guerre du Golfe de 1991.

ISRAËL / PALESTINE

La seconde Intifada

Dates : depuis le 28 septembre 2000.

Forces en présence : les combattants palestiniens contre les forces armées israéliennes.

Lieu d'impact : Israël et les territoires palestiniens (Cisjordanie surtout).

Cause : l'apparition du chef du **Likoud*** Ariel Sharon sur l'esplanade des Mosquées, à Jérusalem, a mis le feu aux poudres, dans un contexte de blocage des accords de Charm el-Cheikh qui prévoyaient la création d'un État palestinien le 13 septembre 2000.

Déroulement : un soulèvement éclate dans les territoires palestiniens. En juin 2001 apparaissent en Israël les attentats kamikazes palestiniens orchestrés par le Djihad islamique et le Hamas. Les Israéliens ripostent par des incursions armées dans les territoires palestiniens.

Conséquences : Yasser Arafat a été contraint de nommer Premier ministre Mahmoud Abbas, en mars 2003. Abbas a démissionné et a été remplacé par Ahmed Qorei en octobre 2003.

La *seconde guerre du Golfe*

Dates : 20 mars-1er mai 2003.

Forces en présence : les forces américano-britanniques contre les troupes irakiennes.

Lieu d'impact : Irak.

Cause : les États-Unis veulent renverser le dictateur Saddam Hussein, soupçonné de détenir des armes de destruction massive.

Déroulement : la guerre lancée par la coalition américano-britannique est plus rapide que prévu : commencée le 20 mars 2003, elle s'achève le 1er mai avec la capitulation des forces irakiennes qui ont peu combattu, contrairement à ce qu'on pouvait attendre. Même la ville de Tikrit, dont est originaire Saddam Hussein, est tombée facilement.

C'est la reconstruction du pays qui s'avère depuis particulièrement difficile, des poches de rébellion se maintenant et même s'intensifiant, surtout au centre et au sud du pays.

Conséquences : la dictature est renversée, et Saddam Hussein capturé en octobre 2003. Des révoltes chiites et sunnites empêchent une sécurisation du pays et retardent la mise en place de la démocratie en Irak.

Particularités : contrairement à ce qu'avaient annoncé les Américains pour justifier leur intervention armée, il semble que Saddam Hussein ne disposait pas (plus ?) d'armes de destruction massive. Aucune arme de ce type n'a été trouvée un an après la fin du conflit.

ASIE MINEURE

TURQUIE

Le génocide arménien

Dates : 1915-1916.

Forces en présence : les forces de l'Empire ottoman* contre la population arménienne.

Lieu d'impact : Anatolie (Empire ottoman).

Cause : à l'aube de la Première Guerre mondiale, l'Empire ottoman est dirigé par la dictature nationaliste du mouvement « Jeunes-Turcs ». Celle-ci redoute un soutien de la communauté arménienne aux troupes russes ennemies.

Déroulement : après avoir fusillé 200 000 militaires arméniens en janvier 1915 et exécuté quelque 600 notables arméniens d'Istanbul, les Turcs entreprennent en août 1915 de déporter d'Anatolie vers la Mésopotamie les 2 millions d'Arméniens vivant sous leur contrôle. Leur déportation dure plusieurs mois.

Au cours de ce transfert de population particulièrement violent et sans pitié, les Arméniens sont massacrés ou victimes de la famine et de la soif. Environ 1 million d'entre eux trouvent la mort.

Conséquences : la diaspora arménienne attend toujours, quatre-vingt-dix ans plus tard, la reconnaissance du génocide par la Turquie.

Le Kurdistan

Dates : 1984-1998.

Forces en présence : rebelles kurdes du Parti des travailleurs du Kurdistan contre les autorités turques.

Lieu d'impact : Kurdistan turc.

Cause : volonté indépendantiste des Kurdes de Turquie, victimes de discrimination.

Déroulement : c'est en 1984 que s'intensifie la rébellion des Kurdes contre le gouvernement turc. Le Parti des travailleurs du Kurdistan (PKK), un mouvement indépendantiste d'inspiration marxiste fondé par Abdullah Ocälan, lance une série d'attentats et d'assassinats. Ces actions visent des personnalités turques, mais aussi des touristes étrangers, et ont pour objectif de porter atteinte à l'économie du pays. La répression du gouvernement est terrible, faisant des dizaines de milliers de morts et rasant des milliers de villages kurdes. La situation s'apaise par l'arrestation en février 1999 du chef du PKK. La Turquie adopte également des mesures destinées à améliorer son image vis-à-vis de l'Union européenne, à laquelle elle espère adhérer. Durant l'été 2002, la peine de mort est abolie et des réformes en faveur des minorités sont adoptées.

Conséquences : l'apaisement de la situation ne doit pas faire oublier que les Kurdes, répartis dans cinq États différents, attendent toujours de disposer de leur propre pays.

La guerre civile

Dates : décembre 1989-juillet 1992-mai 1994.

Forces en présence : troupes géorgiennes contre séparatistes ossètes, puis abkhazes, et intervention des troupes russes.

Lieu d'impact : Géorgie.

Cause : la guerre civile en Ossétie-du-Sud, apparue en 1989, dégénère en conflit avec les autorités géorgiennes qui refusent le rattachement de cette région à l'Ossétie-du-Nord (Russie). En 1992, le refus du gouvernement géorgien d'accorder l'indépendance de la région d'Abkhazie entraîne un autre conflit interne en Géorgie.

Déroulement : des affrontements armés éclatent entre les troupes géorgiennes et les opposants ossètes en décembre 1989, puis entre les troupes géorgiennes et les opposants abkhazes, en juillet 1992. L'armée russe intervient à deux reprises pour imposer un cessez-le-feu, en juillet 1992 et en mai 1994. Une mission d'observation des Nations unies en Géorgie, la MONUG, est créée en août 1993 pour surveiller le premier cessez-le-feu en Abkhazie, signé en juillet.

Conséquences : en dépit des cessez-le-feu, la situation demeure tendue dans les territoires autonomes d'Abkhazie et d'Ossétie-du-Sud. Tandis que des heurts ont éclaté en mai 2004 en Adjarie.

ASIE CENTRALE

AFGHANISTAN

L'invasion soviétique

Dates : 27 décembre 1979-14 avril 1988.

Forces en présence : les Moudjahidin (combattants d'une armée de libération islamique) afghans s'opposent aux forces armées soviétiques.

Lieu d'impact : Afghanistan.

Cause : les Soviétiques veulent maintenir au pouvoir un régime en place depuis 1978 en Afghanistan. Ils entendent le protéger contre la révolte de la population, alors que le Djihad a été proclamé par les islamistes afghans.

Déroulement : en vertu d'un traité d'assistance signé quelques mois auparavant, les Soviétiques décident d'envahir l'Afghanistan afin de venir en aide au gouvernement communiste de Kaboul. Leurs troupes pénètrent sur le territoire afghan le 27 décembre 1979, mais elles doivent affronter une résistance féroce. Les combattants afghans reçoivent bientôt l'aide des États-Unis qui, par le biais de la CIA et du Pakistan, leur fournissent des armes et des moyens financiers. En 1988, après une décennie de guerre, le gouvernement soviétique, dirigé depuis trois ans par Mikhaïl Gorbatchev, décide de se retirer d'Afghanistan.

Les accords de Genève, conclus le 14 avril 1988, entérinent le départ des Soviétiques.

Conséquences : la guerre russo-afghane a fait plus de 20 000 morts, dont les deux tiers du côté soviétique. Le pays est exsangue, et les traditionnelles rivalités entre clans, qui avaient disparu dans la lutte contre l'ennemi commun, resurgissent.

Particularités : une guerre civile succède à la guerre contre Moscou. En 1996, ce sont les Taliban qui prennent le pouvoir et mettent en place un régime islamique fondamentaliste.

L'opération « Liberté immuable »

Dates : septembre-décembre 2001.

Forces en présence : les forces de la coalition menée par les Américains contre le régime des Talibans.

Lieu d'impact : Afghanistan.

Cause : le régime des Taliban au pouvoir en Afghanistan refuse d'extrader Oussama ben Laden accusé d'avoir organisé les attentats contre les ambassades américaines au Kenya et en Tanzanie en 1988, et ceux du 11 septembre 2001 aux États-Unis (3 000 morts).

Déroulement : dès le 19 septembre, les Américains lancent contre l'Afghanistan l'opération « Liberté immuable », à laquelle se joignent notamment les Français et les Britanniques. Le commandant Massoud, qui dirigeait les Forces du Nord, a été assassiné le 9 septembre 2001, mais la résistance afghane demeure active dans les combats au sol, jusqu'à ce que les troupes alliées interviennent depuis l'Ouzbékistan. Les Taliban sont rapidement mis en échec et capitulent en décembre.

Conséquences : un gouvernement est mis en place sous l'autorité d'Hamid Karzaï, mais la situation demeure précaire plus de deux ans après la fin du conflit.

Particularités : ni le mollah Omar, chef des Taliban, ni Oussama ben Laden n'ont pu être capturés à l'issue du conflit.

LE SOUS-CONTINENT INDIEN

LE CACHEMIRE

Dates : depuis 1947.

Forces en présence : les forces armées pakistanaises contre les forces armées indiennes.

Lieu d'impact : Cachemire (nord de l'Inde).

Cause : la revendication du Cachemire par le Pakistan et les indépendantistes musulmans.

Déroulement : au moment du partage de l'Inde, réalisé lors du départ des colons britanniques au mois d'août 1947, le Cachemire (hindou) refuse de se rattacher au nouvel État musulman du Pakistan. La population du Cachemire, majoritairement musulmane, s'insurge, et le maharadjah fait appel à l'armée indienne. Cette dernière intervient en échange du rattachement du Cachemire à l'État Indien. Mais les troupes pakistanaises ne l'entendent pas ainsi et interviennent à leur tour. Les Nations unies imposent un cessez-le-feu en janvier 1949 et un partage du territoire entre les deux États, avec une zone musulmane (l'Azad Cachemire) et une zone hindoue (le Jammu et Cachemire). En octobre 1962, la Chine envahit le Cachemire indien. En dépit d'un cessez-le-feu décrété en novembre, elle conservera une partie du Cachemire, l'Aksaï-Chin. En août 1965, l'attaque de Pakistanais et de musulmans indépendantistes sur la partie indienne du Cachemire ranime le conflit indo-pakistanais. Les gouvernements chinois et américain interviennent politiquement pour calmer la situation, et un nouveau cessez-le-feu est conclu en janvier 1966. En 1999, de nouveaux heurts ensanglantent le Cachemire indien. La guérilla d'origine pakistanaise reprend. L'Inde répond par des bombardements et parvient à dominer la situation. En

83

septembre 2001, une nouvelle attaque d'indépendantistes musulmans vise le Parlement du Cachemire indien, provoquant une concentration des forces indiennes et pakistanaises le long de leur frontière commune. Depuis, les affrontements réapparaissent sans qu'il y ait de nouvelle escalade dans l'opposition indo-pakistanaise.

Conséquences : le Cachemire est aujourd'hui l'objet de manœuvres terroristes qui maintiennent la région dans une insécurité permanente. On dénombrait, en 2003, 70 000 victimes depuis 1947.

Particularités : la détention de l'arme nucléaire depuis 1998 par l'Inde et le Pakistan permet d'espérer que les deux gouvernements seront plus enclins à préserver la paix.

LE PAKISTAN-ORIENTAL

Dates : 25 mars-17 décembre 1971.

Forces en présence : les rebelles indépendantistes du Pakistan-Oriental (futur Bangladesh) contre les forces armées du Pakistan-Occidental. Intervention armée de l'Inde en faveur des indépendantistes.

Lieu d'impact : Pakistan-Oriental.

Cause : volonté indépendantiste de la Ligue Awami.

Déroulement : le Pakistan, né en 1947, est divisé en deux parties éloignées de près de 2 000 kilomètres, ce qui encourage les aspirations autonomistes de la partie orientale, d'origine bengali, qui s'estime victime de l'hégémonie politique du Pakistan. En décembre 1970, le parti indépendantiste (Ligue Awami) du Pakistan-Oriental de Mujibur Rahma remporte les élections à l'Assemblée nationale pakistanaise. Cette victoire encourage la proclamation de l'indépendance du Pakistan-Oriental, qui devient le Bangladesh le 25 mars 1971. Mais les autorités du Pakistan-Occidental refusent la partition et envoient leurs forces armées, provoquant un flot de réfugiés dans le pays voisin, l'Inde. C'est au tour du gouvernement indien d'intervenir, le 3 décembre suivant, remportant une rapide victoire.

Conséquences : le 17 décembre 1971, un cessez-le-feu est conclu et le Pakistan reconnaît le Bangladesh comme État indépendant.

ASIE DU SUD-EST

INDOCHINE

La guerre d'Indochine

Dates : 19 décembre 1946-21 juillet 1954.
Forces en présence : les nationalistes indochinois menés par Ho Chi Minh contre les autorités coloniales françaises.
Lieu d'impact : Indochine (futur Vietnam).
Cause : il s'agit d'une guerre de décolonisation.
Déroulement : La Seconde Guerre mondiale s'achève avec la capitulation du Japon, et le 2 septembre 1945 le leader nationaliste Ho Chi Minh proclame l'indépendance du Vietnam, alors rattaché à la colonie française d'Indochine. La France ne lui accorde cependant qu'un statut particulier au sein de l'Union française regroupant les colonies. Mais, en novembre 1946, des affrontements entre nationalistes indochinois et militaires français dégénèrent.

La guerre éclate le 19 décembre, à la suite du massacre d'Européens à Hanoi, perpétré par des indépendantistes indochinois. Pendant huit années, les Français, en dépit de réelles avancées, sont contrés par la résistance remarquable du Viêt-minh, mené par son fondateur Ho Chi Minh. Les difficultés sont accentuées par un terrain naturel hostile. Encerclés dans la cuvette de Diên Biên Phu, les soldats français se rendent le 7 mai 1954. En juillet de la même année, la France négocie son départ dans les accords de Genève. Elle reconnaît l'indépendance de l'Indochine, divisée en plusieurs États indépendants (Laos, Cambodge, et deux Vietnam).
Conséquences : la guerre d'Indochine se termine avec un bilan de plus de 100 000 morts du côté français et environ

1,5 million du côté vietnamien. Le Vietnam est divisé en deux États devant se réunir après des élections... qui n'auront jamais lieu.

Particularités : le conflit reprend en 1965 avec la guerre du Vietnam qui oppose les troupes communistes du Vietnam du Nord et les troupes sud-vietnamiennes alliées aux forces armées américaines.

La guerre du Vietnam

Dates : février 1965-avril 1975.

Forces en présence : les Nord-Vietnamiens (du Viêt-cong, Front national de libération) contre les Sud-Vietnamiens et les soldats américains.

Lieu d'impact : Vietnam du Nord et du Sud.

Cause : le gouvernement nord-vietnamien veut un Vietnam réunifié placé sous son autorité.

Déroulement : le Nord-Vietnam soutient la création d'un Front national de libération (FNL) étendant ses activités au Sud-Vietnam, ce qui conduit à l'envoi de « conseillers militaires » américains en 1961 par Kennedy. En 1964 éclatent les premiers heurts sévères entre Américains et Nord-Vietnamiens. Les bombardements américains sur les positions nord-vietnamiennes commencent en février 1965. En janvier-février 1968, l'offensive du Têt lancée par le Nord-Vietnam marque, avec la riposte américaine, l'apogée des combats. Mais la résistance des Vietnamiens dépasse largement la détermination des forces armées américaines. Face à l'hostilité grandissante de l'opinion publique américaine, le président Nixon choisit en 1972 de négocier avec les forces adverses, mais aussi avec la Chine, qui soutient le FNL. Les accords de Paris, signés en mai 1973, décrètent un cessez-le-feu. Mais le Nord-Vietnam continue de vouloir contrôler le territoire sud-vietnamien. Les soldats américains rentrent néanmoins progressivement chez eux. Le 30 avril 1975, la guerre prend définitivement fin avec la prise de Saigon, capitale du Sud-Vietnam.

Conséquences : la guerre s'achève avec la réunification du Vietnam qui est désormais totalement soumis aux autorités communistes d'Hanoi. On dénombre un total d'environ 2,5 millions de morts au cours de ce conflit particulièrement tragique.

CAMBODGE

Les Khmers rouges

Dates : 1975-1996.

Forces en présence : répression des Khmers rouges sur la population ; intervention militaire vietnamienne, puis guérilla après le renversement du régime de Pol Pot.

Lieu d'impact : Cambodge.

Cause : rivalité de pouvoir au Cambodge entre des factions communistes et pro-américaines.

Déroulement : apparus dans les années 1960, les Khmers rouges sont un groupe armé soutenu par la Chine communiste. En 1970 est fondé le Gouvernement royal d'union nationale qui regroupe sous une même bannière le souverain renversé par un régime pro-américain, le prince Sihanouk, et le Front uni national cambodgien (FUNC) des Khmers rouges. Ces derniers, menés par Pol Pot, parviennent à prendre le pouvoir le 17 avril 1975, et le Cambodge devient le « Kampuchéa démocratique ». Un régime de terreur se met alors en place. Il consiste à supprimer tous les intellectuels (opposants potentiels) mais aussi à soumettre l'ensemble du peuple cambodgien à un programme politique aberrant. L'économie s'effondre, et la communauté internationale commence à s'inquiéter. L'Union soviétique fait pression sur le Vietnam pour que celui-ci, voisin du Cambodge, intervienne. En décembre 1978, les troupes vietnamiennes pénètrent sur le territoire cambodgien, installent un gouvernement communiste modéré, puis quittent le pays fin 1989. En dépit de la proclamation d'un Conseil national suprême représentatif des différentes tendances politiques cambodgiennes, suivie de la signature d'un cessez-le-feu le 1er mai 1991, puis des accords de Paris le 23 octobre, les Khmers rouges réfugiés au nord-ouest du pays poursuivent la guérilla.

Une force des Nations unies, l'APRONUC, est envoyée pour permettre la reconstruction pacifique du pays. La guérilla des Khmers rouges ne prend définitivement fin qu'en 1996 par un traité de paix signé avec le gouvernement de Hun Sen, Premier ministre du prince Sihanouk.

Conséquences : les exactions des Khmers rouges se sont soldées par la mort de près de 2 millions de personnes.

EXTRÊME-ORIENT

CHINE

La révolte des Boxers

Dates : 1899-1901.
Forces en présence : les Boxers contre la coalition occidentale.
Lieu d'impact : nord de la Chine.
Cause : révolte des Boxers contre l'Occident.
Déroulement : la secte des Boxers est liée à la société secrète Yihetuan, fondée au XVIIIe siècle. Nationaliste et xénophobe, elle refuse l'influence coloniale occidentale. En 1899, les Boxers lancent une série de massacres visant les Européens et en particulier des missionnaires, ainsi que des Chinois convertis au christianisme. Encouragés par l'impératrice Tseu-Hi qui demande le départ des Occidentaux, ils progressent rapidement et atteignent Pékin. Les Occidentaux s'organisent sous le commandement du général allemand von Waldersee et reprennent Pékin au mois d'août 1901.
Conséquences : le 7 septembre 1901, une fois les Boxers définitivement vaincus, la Chine signe un traité d'allégeance aux pays occidentaux et s'engage à leur verser d'importantes dettes de guerre.
Particularités : le corps expéditionnaire occidental réunissait sous la même bannière Anglais, Allemands, Américains, Français, Italiens, Japonais et Russes... Une alliance exceptionnelle dans l'histoire !

La guerre russo-japonaise

Dates : 7 février 1904-5 septembre 1905.

Forces en présence : les troupes russes du tsar Nicolas II contre les troupes japonaises de l'empereur Mutsu-Hito.

Lieu d'impact : Mandchourie.

Cause : la rivalité de la Russie et du Japon qui ont tous deux des visées coloniales sur la Chine.

Déroulement : le 7 février 1904, les Japonais attaquent par surprise les Russes à Port-Arthur ; ils envahissent la Corée et défont les Russes à Moudken, en Mandchourie. Après la destruction de 7 de leurs navires, les Russes de Port-Arthur sont contraints de capituler le 2 janvier 1905. La flotte russe de la Baltique arrivée en renfort sera coulée par les navires japonais en l'espace de quarante-huit heures au cours de la bataille de Tsushima, en mai 1905.

Conséquences : la Russie vaincue accepte de signer l'armistice le 5 septembre 1905 à Portsmouth, les États-Unis ayant proposé d'être le médiateur. Les Japonais récupèrent les possessions russes en Mandchourie, Port-Arthur, une partie de l'île de Sakhaline et la presqu'île de Liaotung. Les Russes ont perdu 5 000 hommes, les Japonais 700.

Particularités : la défaite des Russes à Port-Arthur provoque un véritable choc auprès de la population russe, qui se soulève le 22 janvier 1905. C'est le « dimanche rouge », nommé ainsi en raison de la répression sanguinaire des forces de l'ordre.

L'invasion japonaise

Date : 1937.

Forces en présence : les forces japonaises contre les Chinois.

Lieu d'impact : Chine.

Cause : les Japonais aspirent à dominer toute la Chine.

Déroulement : le Japon annexe la Mandchourie en 1931, la transforme en État fantoche appelé « Mandchoukou », puis décide de se lancer à la conquête du reste du territoire chinois en juillet 1937. Ils envahissent un million de kilomètres carrés en quelques mois et pratiquent une politique de terreur sur les populations.

La ville de Nankin est prise au bout de trois jours de combats, le 13 décembre 1937, et le massacre de la quasi-totalité de sa population (200 à 300 000 victimes) devient le symbole de la barbarie japonaise dans les années 1930.

Conséquence : l'invasion japonaise est l'occasion de faire cesser la guerre civile entre les Chinois et de voir s'unir les forces communistes de Mao Zedong et de Tchang Kaï-chek contre l'ennemi commun nippon. La Chine n'est totalement libérée de l'occupant japonais qu'en 1945, à la fin du second conflit mondial.

TAIWAN

Date : depuis 1949.

Forces en présence : Chinois nationalistes de Taiwan contre Chinois communistes de Chine continentale.

Lieu d'impact : Chine et Taiwan.

Cause : Pékin ne reconnaît pas la légitimité du gouvernement de Taiwan et demande son rattachement à la Chine continentale.

Déroulement : à l'issue de la Seconde Guerre mondiale, les communistes chinois menés par Mao Zedong réussissent à vaincre leurs rivaux nationalistes du Kuomintang dirigé par Tchang Kaï-chek. Cette victoire leur permet d'instaurer un régime communiste en Chine et de proclamer en 1949 la naissance de la République populaire de Chine. Les nationalistes doivent quitter le pays et se réfugient sur l'île de Formose, à 160 kilomètres des côtes chinoises. Sous l'autorité du général Jiang Jieshi, ils instaurent leur propre gouvernement dans la capitale, Taipei, et sont soutenus dans leur initiative par les États-Unis, inquiets de la mise en place d'un régime communiste à Pékin. En 1955, un traité de défense est signé avec Washington. Cet appui américain est toutefois contrebalancé par la reconnaissance en 1951 de la Chine continentale (communiste) comme unique représentant légal chinois, puis en 1971, par l'octroi à la Chine communiste du siège permanent au Conseil de sécurité des Nations unies, qui était jusque-là attribué à Taiwan.

Depuis 1949, Pékin ne reconnaît pas la légitimité taïwanaise et entend rattacher l'île à la Chine. Des pourparlers ont été entrepris en 1993 entre les deux gouvernements, mais de vives tensions persistent : en 1995 et en 1996 (à la veille de l'élection présidentielle taïwanaise), Pékin a effectué des manœuvres militaires et envoyé deux missiles survoler la zone taïwanaise pour rappeler à Taipei qu'elle n'hésiterait pas à recourir à la force en cas de proclamation d'indépendance de l'île.

Conséquences : Taiwan évoque l'incompatibilité de son système d'économie libéral avec le système communiste de la Chine, ce à quoi Pékin répond vouloir y appliquer le principe « Un pays, deux systèmes » déjà en place à Hong Kong ou Macao depuis leur rétrocession à la fin des années 1990.

Corée

La guerre de Corée

Dates : 25 juin 1950-27 juillet 1953.
Forces en présence : Corée du Nord contre Corée du Sud, intervention d'une coalition menée par les Américains et intervention des forces armées chinoises.
Lieu d'impact : la péninsule coréenne.
Cause : invasion de la Corée du Sud par les Nord-Coréens.
Déroulement : à l'issue de la Seconde Guerre mondiale, la Corée s'est trouvée occupée au nord par les troupes soviétiques et au sud par les troupes américaines, venues libérer la Corée de l'occupation japonaise. Les deux « Grands » souhaitent instaurer un régime qui corresponde à leur propre idéologie, aussi les deux zones d'occupation se transforment-elles rapidement, l'une en zone communiste, l'autre en zone pro-américaine. La Corée est divisée en 1948 en deux pays distincts, séparés le long du 38e parallèle.

Chaque partie souhaite une réunification sous son autorité, et après une série de heurts aux frontières, la Corée du Nord, dirigée par le dictateur Kim II Sung, choisit d'envahir la Corée du Sud le 25 juin 1950. Le Conseil de sécurité des Nations unies réagit immédiatement et décide de l'envoi d'une force internationale, malgré l'absence du délégué soviétique (qui par sa « politique de la chaise vide » proteste contre le siège au Conseil de sécurité attribué à la Chine nationaliste et non à la Chine populaire). Majoritairement

La guerre de Corée

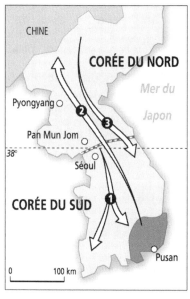

① Offensive nord-coréenne, juin-août 1950

② Contre-offensive des Nations-Unies, juin-août 1950

③ Offensive des « volontaires » chinois, janvier 1951

⌁⌁⌁ Ligne de « cessez-le-feu », 27 juillet 1953

composée de soldats américains et sud-coréens, et dirigée par le général américain MacArthur, la coalition onusienne parvient à repousser les troupes nord-coréennes jusqu'à la frontière chinoise, au nord. Mais la Chine communiste décide de se porter au secours de la Corée du Nord et envoie en octobre 1950 plusieurs centaines de milliers de « volontaires ». Ce soutien renverse la tendance sur le terrain. Le général MacArthur propose alors d'avoir recours à l'arme nucléaire contre la Chine, ce qui amène le président américain Truman à le relever de ses fonctions et à le remplacer par le général Ridgway. En juin 1951, le front se stabilise autour du 38ᵉ parallèle dans une guerre des tranchées particulièrement meurtrière.

Le 27 juillet 1953 est signé l'armistice entre les deux Corées, à Pan Mun Jom, sur la ligne de démarcation au niveau du 38ᵉ parallèle.

Conséquences : les deux pays retrouvent leurs frontières d'avant le conflit et leurs régimes respectifs. En 2004, les deux pays n'étaient toujours pas réunifiés.

Lexique

Afrikakorps : corps expéditionnaire allemand commandé par le maréchal Rohmel, qui combat en Afrique du Nord de 1941 à 1943.

Apartheid : régime ségrégationniste instauré en Afrique du Sud jusqu'en 1992. Il visait à opérer un « développement séparé des races », privilégiant nettement les Blancs en particulier face à la population noire, majoritaire.

Axe : il s'agit d'une alliance, pendant la Seconde Guerre mondiale, entre l'Allemagne, l'Italie, la Hongrie, la Bulgarie, la Roumanie, la Slovaquie, la Croatie, la Finlande, en Europe, ainsi que des pays asiatiques qui sont le Japon, le Siam et le Mandchoukouo.

Ayatollah : personnalité musulmane importante au sein du clergé chiite.

Blitzkrieg : ce mot allemand signifie « guerre éclair » et correspond à une attaque combinant l'aviation et les blindés pouvant par son intensité percer le front ennemi. Cette tactique a été utilisée par l'armée allemande au cours de la Seconde Guerre mondiale.

Bolchevik : en russe « majoritaire », un bolchevik appartient à l'aile gauche radicale du parti social-démocrate de Lénine, qui prône la révolution.

Déstalinisation : politique lancée par le numéro un soviétique, Nikita Khrouchtchev, visant à dénoncer le culte de la personnalité et les crimes commis par Staline entre 1924 et 1953.

Dominion : colonie britannique qui dispose d'une autonomie interne ; depuis la décolonisation, ce terme désigne un État indépendant membre du Commonwealth (groupe d'États issus de l'Empire colonial britannique et qui font allégeance à la Couronne britannique).

Droit de veto : droit individuel de s'opposer à une prise de décision. Les cinq membres permanents du Conseil de sécurité des Nations unies disposent chacun d'un droit de veto leur permettant de bloquer une initiative contraire à leurs intérêts.

Empires centraux : cet ensemble désigne pendant la Première Guerre mondiale l'Allemagne, l'Autriche-Hongrie, qu'ont rejoint l'Empire ottoman et la Bulgarie.

Empire ottoman : empire turc dirigé par un sultan, apparu au XIVe siècle, parvenu à son apogée au XVIe siècle, et qui déclina sensiblement à partir du XIXe siècle. Entré en guerre aux côtés de l'Allemagne en 1914, il devait être démembré à l'issue de la Première Guerre mondiale, ne formant plus qu'un simple pays, la Turquie.

Entente : alliance comprenant, pendant la Première Guerre mondiale, la France, la Grande-Bretagne, la Russie (jusqu'en 1917) auxquels s'ajoutent la Serbie, la Belgique, le Japon, la Chine, la Roumanie, l'Italie, la Grèce et les États-Unis.

FORPRONU : force de protection des Nations unies déployée dans les Balkans de février 1992 à mars 1995 pour assurer le respect des cessez-le-feu et l'acheminement de l'aide humanitaire.

Grande Alliance : cette alliance compte tous les adversaires de l'**Axe*** pendant la Seconde Guerre mondiale, soit avant tout le Royaume-Uni, les États-Unis, l'URSS, la Chine et la France libre (les « Alliés »).

Guerre de position : au contraire de la « guerre de mouvement », au cours de laquelle se succèdent les offensives visant à percer les lignes de l'adversaire, la « guerre de position » voit les troupes retranchées en position de défense.

Islamisme : interprétation très stricte de la religion musulmane s'appliquant notamment au niveau politique et se traduisant par un rejet des modèles extérieurs, en particulier le modèle occidental.

Kamikaze : pilote japonais accomplissant une mission suicide pendant la Seconde Guerre mondiale. Désigne aujourd'hui tout volontaire, quelle que soit sa nationalité, qui sacrifie sa vie en commettant un attentat terroriste pour une cause politique.

Likoud : parti politique israélien (droite nationaliste).

OPEP : Organisation des pays exportateurs de pétrole. Fondée à Bagdad en 1960, elle est surtout influencée par l'Arabie Saoudite, qui détient les principaux gisements de pétrole du monde.

OTAN : Organisation du traité de l'Atlantique Nord, appelée aussi Alliance atlantique. Pacte défensif de nature militaire créé le 4 avril 1949 et visant à dissuader toute attaque soviétique en Europe occidentale. Il comprend à l'origine douze pays (Belgique, Canada, Danemark, États-Unis, France, Islande, Italie, Luxembourg, Norvège, Pays-Bas, Portugal et Royaume-Uni). Quatorze autres pays ont rejoint l'Alliance : la Grèce et la Turquie en 1952, la RFA en 1955, l'Espagne en 1982, la Pologne, la République tchèque et la Hongrie en 1999, puis la Bulgarie, l'Estonie, la Lituanie, la Lettonie, la Roumanie, la Slovaquie et la Slovénie en mai 2004.

Pacte de Varsovie : alliance militaire conclue le 14 mai 1955 entre l'URSS et les pays communistes d'Europe de l'Est (Albanie, Bulgarie, Pologne, République démocratique allemande, Roumanie et Tchécoslovaquie). Il est dissous le 1er juin 1991.

Partisans : désigne les résistants communistes pendant la Seconde Guerre mondiale.

RFA / RDA : République fédérale allemande (Allemagne de l'Ouest) et République démocratique allemande (Allemagne de l'Est). Deux États fondés en 1949 après la division de l'Allemagne vaincue. La RFA et la RDA ont été réunifiées en un seul pays en octobre 1990.

Sandiniste : désigne un membre du Front sandiniste de libération du Nicaragua, au pouvoir de 1979 à 1990. Vient du nom du général César Sandino, patriote nicaraguayen opposé aux États-Unis et mort assassiné (1895-1934).

Triplice : Triple alliance formée en 1882 réunissant l'Allemagne, l'Autriche-Hongrie, ainsi que l'Italie jusqu'en 1915. Elle fit face à l'Entente lorsque éclata la Première Guerre mondiale.

Wehrmacht : signifie « puissance de défense » et correspond avant la Seconde Guerre mondiale aux forces armées régulières allemandes, puis désigne uniquement l'armée de terre.

651

Composition PCA - 44400 Rezé
Achevé d'imprimer en Allemagne (Pössneck)
par GGP en octobre 2005 pour le compte de E.J.L.
87, quai Panhard-et-Levassor, 75013 Paris
Dépôt légal octobre 2005
1er dépôt légal dans la collection : juillet 2004

Diffusion France et étranger : Flammarion